六角精児の無理しない生き方

Seiji Rokkaku

SHUFUNOTOMOSHA

はじめに

無理にとは言わない。無理にとは言わないが、まあ手に取ってみておくれ。

正直、自分のこれまでの経験が本になるほどのものだとは思っていないんです。それに僕は特別なにかを訴えたいという気持ちもあまりない人間。でも、本を出したくないのかといえばそういうわけでもなくて。こんな僕の言葉を少しでも誰かが欲してくれるのであれば、そのために本があってもいいのかなと。

50歳を過ぎると、すべてが順調で恵まれた生活を送っているという人はそう多くない気がするんですよ。むしろ「先が見えない」とか「楽しみがない」とか「尿酸値がどんどん上がってる」とか、なにかしらの悩みを抱えながら不安で生きづらい日々を過ごしている人がほとんどじゃないでしょうか。

年を取れば取るほど、

「精神的にも肉体的にもなるべく自分に負担をかけないで無理しないで生きていったほうがいい」

と、僕は思っています。

そのためには60代でも70代でもなにかを楽しんだりなにかを捨てたりということが必要だから、その

取捨選択を手伝えるような本

になればいいんじゃないかな、って思うのです。

この本は僕の言いたいことを強く発したというものではなくて、

僕の小さなつぶやきを文章にして、それを一つ一つ並べてみた感じだと思ってください。

僕は大した経験をしてきたわけじゃないけれど、借金や離婚などでつらく苦しい思いはしてきました。そして、いろいろな物事に流されながら生きてきた人間です。でも、その苦しさや流され感の底辺にある漠然としたものの中から、一つ

でも二つでもみなさんのこの先の生活の

明るい道しるべ

が見つかればいいなと。それはたとえ小さく弱気なものでもいいんですよ。別に弱気は恥ずかしいことじゃないから。それで少しでも誰かの気持ちが楽になるのならば、本当にありがたいことだなと思います。

だけど、もしアナタが

「この本を読んだら絶対に救われる」
というふうに思っていたら、
ぜひ手に取らないでほしい。

生きていくのは自分だし、考えてそれを決断するのも自分だから、最終的にはアナタの人生はアナタの責任なんです。でも、その責任を軽くするささやかなヒントとして

「あまりがんばらなくてもいい」「無理をしない」という心持ちが、

この本によって多少でも伝わるかもしれない。そんなヒントを探している人は、

ためしに読んでみてはいかがでしょう。

無理にとは言わない。
決して無理にとは言わないが、
まあ手に取って
みておくれ。

Contents

3章 経験を積んで大人になってきた時代

4章 還暦を迎えて老後を見据え始めた時代

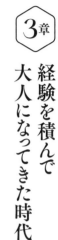

Contents

同年代からのQ&A

ぷはー

1章

俳優　六角精児が育《はぐく》まれた青春の時代

俳優としてのメソッドは子供のころに体得。ある役柄になりきって嘘をつくことで育まれた

僕は基本的に嘘つきなんです。むかしから口から出まかせのようなことを言いながら人とつきあってきたから、それがそのまま役者になっただけなのかもしれない。あと、対面している相手に合わせたり合わせなかったりする見極めも早いほうだし、言いわけや屁理屈も得意だから、**われながらペテン師に向いているんじゃないか、とか思ったりします。**

思い返せば、子供のころは「いかにしてテストでいい点を取るか」ではなくて

「悪い点数を取ったときにどう誤魔化《ごまか》すのか」のほうがずっと大切で。だから成績が悪くて母親から叱られたら、反省するどころか「この場をどう乗り切ろう」ってことしか考えていなかった（笑）。その回避方法はなにかしらの虚言だったり証拠隠滅だったり、目撃証言を友達に頼んで偽証してもらうとか、一通りの方法は試しています（笑）。要は、ある役柄や思い描いたシナリオに対していかに忠実に自分の性格を投影するかということを、**子供のころからしょっちゅう考えていた**んです。

役者は役を演じてはいるんだけど、役の言動に対してその瞬間は本気でそう思っています。だからそれは本当に「愛している」気持ちや「憎む」気持ちになる。いかに自分じゃない自分になりきれるか、ってことかな。そして、あるときの舞台で「なんだ、これは子供のころからやっていたことと大して変わらんじゃないか」とふと気づいて。つまり、いまの俳優としてのメソッドは子供のころの嘘つきから得られたんです。

高校で落ちこぼれて、勉強以外に熱中することに覚醒。そして鉄道好きのくせに、敷かれたレールの上を通ってこなかった

高校は進学校だったから勉強ができるやつがとても多かったんです。僕は入学してからの最初の試験で540人中400番台っていうだいぶ後ろのほうの結果で。これでも中学のころはクラスでつねに2番目くらいの成績で自信をもっていたから、15歳にして早くも社会の洗礼を受けたわけですよ。

僕はそのとき「まあ、しょうがないか」って、**勉強できない自分を認めたんです。**そしたらだいぶ気が楽になって、そんなことよりも女の子を好きにな

ることのほうがよほど大切だし、音楽だってたくさん聴きたいじゃないか、と開き直ったんですよ（笑）。

そういう視点になってからあらためて周りを見回してみたら、成績に関係なく、なにかに特化している生徒がけっこういることに気づいて。ほかの科目はまったくできないのに数学だけ異常にできるやつとか、一日1冊は必ず本を読むやつ、ものすごく音楽に詳しいやつとかいろいろな人がいた。そいつらを見てたらなにかを突き詰めることのほうに興味が出てきて、社会のレールに乗るよりもこっちのほうが面白いぞとなったそのとき、偶然「演劇部」が身近にあった。

それでいまだに役者をやっているんだから、僕は**ずっと長いこと部活動に励んでいるようなもん**なんです（笑）。六角精児がなんとなく全体的に気楽な人間に見えるのは、まっとうな勤め人たちが対峙する社会の荒波みたいなものを経験しないまま現在に至ってしまったからじゃないかと思います。僕は鉄道好きのくせに敷かれたレールの上をまったく通ってこなかったんですよ（笑）。

多数派に反発していた高校時代。「おまえは進学せずに働け！」と母に言われた

もともとマイノリティーなものが好きなんです。あまり強くなかったり、あまりカッコよくなかったり、うまくできなかったりするものに対して不思議な愛《いと》おしさを感じることが多い。多数派や正統派の中で「もっといいものを」とか「もっと流《は》行《や》ってるものを」とか考えるよりも味わい深いと思うんですよね。

僕は若いころから「好きなものとそうじゃないもの」があったら、その取捨は自分で自由に決められるという考えなんですよ。いや、本当は誰にだって選択できる

んだけど。でも世間的には、親や先生が勝手に敷いたレールに乗らなきゃいけないっていうおかしな風潮があったから、「いい大学を出て、いい会社に就職する」のがなんとなく多数派で、正しいことになってしまっていたんじゃないかなと。

実際子供のころ、母親からそんなことを非常に強く言われ続けていたんですけど、自分では「果たして本当にそうなのか？」とつねに疑問に感じるところがあって。テストの成績が良くないと毎回「おまえは進学せずに働け！」って厳しく言われていたけれど、でも僕は**「進学せずに働くってそんなにダメなのか？」**って思っていましたね。ちょうどそのころ岡林信康の「山谷ブルース」を聴いたんだけど、「今日も仕事がつらかった、あとは焼酎をあおるだけ」って感じで、むしろちょっと楽しそうじゃないかと（笑）。

とにかく絶対数が多いほうが正しいっていう考え方が僕にはぜんぜんないんですよ。だから出演した番組の視聴率が高い低いなんてのも気にならないし、もし低いのならばその低さを楽しんだほうがずっと面白いと思うんですよ。

カセットテープ屋の倉庫でアルバイトをして、一つの生き方を学ぶ

学生のころ、郊外にあったカセットテープ屋の倉庫でアルバイトしていたことがありました。五木ひろしの曲を誰だかわからないまったく知らない人が歌っているカセットとか、半分インチキみたいな商品を販売している会社だったんですけどね。でも芝居の稽古があるときは休ませてもらえたし、舞台をやったら倉庫のみんなで観《み》に来てくれたりもして、とても理解のある職場だったのでけっこう長く続いたんですよ。一緒に働いてた連中も、のちのちジャッキー吉川とブルー・コメッツ

に加入した人に、ロックバンドのアナーキーのメンバーとバンドを組んでた人、そして大学6年生っていう、気楽で楽しい人たちばかりで。

そこではカット盤のレコードも扱ってまして、あるとき自分の欲しいレコード数枚を段ボールの中に隠してゴミ捨て場の隅に放っておいたんですよ、帰りにこっそり持っていこうと思って。そしたら倉庫番の主任が見つけて「なんだこれ？」ってまた倉庫に戻しちゃって、あれ絶対に僕だってわかってたと思うんですよねぇ。

その主任はすごくいい人だったんですが、忘れられないのが**「人にはそれぞれの能力があって、それぞれが一生懸命やればいいんだ」**という意味合いのことを言っていて。大学を8年かけて卒業してあの倉庫で番をしていたんだから、たぶん彼自身はあまり恵まれなかった人なんだと思うけれど（笑）。でも僕にとっては大切な恩人で、**「人それぞれ違うわけだから、自分の能力の範囲でやればいい」**っていう気持ちは、いまでも芝居をやるときにときどき思い返します。

天性の「人づきあい能力」を発揮。怖そうな人の懐にはあえて飛び込んでみる

若いころ、「道路の地下を通っている電線の不具合を確認していく」という変わったアルバイトをしたことがあって。そこには僕たちを雇っている会社のOという社員がいて、そのOがバイトを殴《なぐ》ったりしてものすごく乱暴だったんですよ。僕より少し年下だったはずだけど、年齢なんてまったく気にしない人で。でもなぜか僕にだけは威丈高《いたけだか》に接してこなかったんですよ。僕ってこの風貌のせいなのか、不気味で絡みづらそうな、イジメたら家までつけてきてなんか悪いことをするようなや

つに思われていたのかもしれない。まぁ**実際それくらいのことは考える男**なんですけどね（笑）。

だからなのか、喧嘩《けんか》とか暴力沙汰に巻き込まれたことはあまりなかったですね。

ほかにもいろいろなバイトをしたけど、自分の「人づきあい能力」みたいなものでなんとかうまく立ち回ってきたところはありますね。「この人はおっかないな」と思ったり、「ちょっと難しそうな人だな」と感じたら、**あえてこちらから相手の懐に飛び込む**ようにしていたんですよ。するとその人の考えていることや立場みたいなものも少しわかってくるから、そういう気持ちを共有することで信頼の度合いが高まったことが何回かありましたね。

それはお芝居でもそう。大スターはさすがに無理だし、あまり近づきたいとも思わないけど、先輩の怖そうな役者さんなんかには「呑《の》みに行きませんか」って僕から声をかけたりしましたよ。それでしだいに仲良くなってくると、また違うお芝居の世界が見えてくるから面白いんだよなぁ。

僕が影響を受けた映画たち。「小さな恋のメロディ」に憧れる

高校3年のときに観《み》た映画「復讐するは我にあり」には影響を受けましたね。物語として面白いのもあるけど、やっぱり緒形拳さんの芝居が本当に凄《すご》い。僕は映画なんかを観ても役者さんの演技がどうのとかあんまり思わないんですけど、緒形さん演じるあの榎津巌という役は衝撃だった。あのころはもう演劇をやっていたんだけど、まったく演劇のことはわかっていなかったし、だから役者としてではなく、イチ高校生としてすげえと感じた映画ですね。

その後、「サルバドル 遥かなる日々」とか「キリング・フィールド」のような戦争映画を観て、いったい戦場ってのはどういうところなんだろうって思ったこともあります。もちろん日本が戦場になったら嫌だし、戦争だって絶対したくないですけど。

「小さな恋のメロディ」も好き。子供心にもなんか素敵《すてき》だなぁという気分になった恋愛映画です。だからって僕になにか影響を与えたかっていうとなにもない気もしますが、ただラストシーンで子供たちがトロッコに乗ってどこかに行ってしまうのがなんだか凄いなと。あの子供らと近い年齢のころに観たからってのもあると思いますが、クロスビー・スティルス・ナッシュ＆ヤングの「Teach Your Children」という歌が流れる中、トレイシー・ハイドとマーク・レスターがペッコペッコとトロッコを漕《こ》ぎながらどこかへ行っちゃうじゃないですか。あれはやっぱり憧れみたいなものだったのかも。そうか、僕の根底にある**「ここではないどこかへ行ってしまいたい」**という願望は、あの映画を観て芽生えたのかもしれない。

僕が好きな作家たち。読む前からすごくワクワクしていた

小説家で好きなのはなんといっても**筒井康隆**。中学生のころに読むようになって、大人になってもずっとハマっていました。いつだって筒井さんの本は読む前からすごくワクワクして貪《むさぼ》るように読んでいたんですよ。そんな体験は映画ですらなかったかもしれない。

もともと山上たつひこの『がきデカ』や『喜劇新思想大系』って漫画が好きだったのですが、彼に『アフリカの爆弾』という作品があって、原作が筒井康隆だった

んですよ。それで小説のほうも読み始めたらしだいにハマってきて、要はSFなんだけど「にぎやかな未来」とか「俗物図鑑」とかナンセンスで笑えてしまう話が多くて好きになったんですよね。とくに文学賞をネタにした「大いなる助走」なんて終盤は無茶苦茶になっちゃうんだけど、あの破天荒なノリが最高に楽しくて。

不条理さを感じる作家では安部公房もわりと読んでたけど、筒井さんみたいに楽しい不条理ではないからまたちょっと違う印象でしたね。

あとは**奥田英朗**の小説も好きです。奥田さんは音楽も詳しくて、僕よりちょっと上の世代のロック好き。たしか岐阜の人で、田舎だから手に入らないレコードの曲とかをラジオでひたすら録音するとか、プロコル・ハルムが云々《うんぬん》とかいうようなエッセイもあったりして面白いなぁと。

それと「復讐するは我にあり」の原作者でもある、**佐木隆三**の犯罪ノンフィクションも好き。2021年に公開された西川美和監督の映画「すばらしき世界」に出演させてもらったんですが、オファーが来たときはとても嬉《うれ》しかったなぁ。

最近優しくなったと言われるけど、それがかえって切ないときもある

若いころは「芝居とは〜」なんて血気盛んに議論してたこともあるけど、30歳過ぎたあたりからそういうのが恥ずかしくて話さなくなりましたね。もともと僕はそういうのがあまり好きじゃなかったみたいです。

むかし新宿ゴールデン街で呑《の》んでたとき、そこで初めて会った新聞記者に「おまえの役者としてのイデオロギーはなんだ?」って聞かれたので、「ないです」って答えたら「ダメだな、おまえ」って言われたことがあって。こっちは「ただ酒呑ん

でただけなんだから」と言いたかったけど、呑み込みました（笑）。

たしかに、そういう議論の中から自身の信念を研ぎ澄ましていって、自分の芝居を貫き通す人もいると思いますよ。だけど僕の場合はそうじゃなくて、単に自然体の自分を貫きたいだけで。

ただ近ごろは、**自然体のままじゃ生きづらいこともある**なって気づくこともあります。とくに家庭内でそれを実感することが多いんだけど、しょせん夫婦なんて「不自然体」なんだから、お互いが自然体のままでいたら喧嘩《けんか》して終わりなんですよ。思えば一人暮らしだったときのほうが気ままだったかも。当たり前なんだけど。

最近は友達からも「むかしは険のある嫌なやつだったけど、優しくなったよな」ってよく言われるんだけど、要は周囲に気を遣《つか》っているってことですよね。だからこそ「あぁ、僕は自然体じゃなくなってしまったんだな」って、少し切なくなってしまうんですよ（笑）。

2章

役者・俳優を始動。そして地獄の借金時代

借金地獄の時代！「相棒」が始まったころが人生で一番苦しかった

いまのところ**人生でもっとも苦しかった時期は、実はドラマの「相棒」シリーズが始まったくらいのころ**なんですよ。結婚して離婚して子供もいたのに、かなりの借金があってもう借り入れができずにひたすら返済するだけという状況で。あの厳しい時期があったからこそ、いまの六角精児がいるとさえ思っていますね。

その当時は横浜に住んでいたのだけど、嫁さんと別れて子供の養育費を払いつつ、アパートの家賃も払いつつ、自分の借金も返済しながらの三重苦でした。わずかな交通費もギリギリだから、都内で撮影が終わったら横浜駅までは列車に乗るけど、そこから関内のもっと向こうまで毎回歩いて帰っていたし。

当たり前だって言われるかもしれないけど、**借金は借りるときよりも返すときのほうが圧倒的に大変なんですよ。**借りるときはとにかく気楽だし、限度額がちょっと増えたりしたら、それは貯金が増えたような気分になっちゃう。でもいよいよ身動きが取れなくなって返すしかないという状況に陥って一切の借り入れができないようになると、これが大変なんですよ。けれど、そのくらい追い込まれないと借金なんてものはなくならないと思います。僕がどうにか完済できたのは、めちゃくちゃ苦しくても地道にコツコツと返していた時期があったからなんですよ。すべて返済したときには周りの景色が違うように見えたものなぁ。

奥さんは不味《まず》いチャーハンを食べて家を出ていった……

子供が生まれたときは本当に**500円くらいしか持っていなくて**、仕方ないので友達にお金を借りてから子供の顔を見に行きましたね。それで奥さんも退院してきたけどまだ産後間もないし、たまには僕がメシを用意してやろうと思ってチャーハンを作ってあげたことがあるんですよ。そしたらそのチャーハンがよほど不味かったらしくて奥さんがゲェ～って吐いちゃって。そのまま具合が悪くなってしまったので近くにあった奥さんの実家に連れていったら、それきり二人は戻っ

てこなかったんです……。

ちゃんと赤ちゃん用のベッドも買っていたのに、1日か2日くらいしか寝ていなかったのが悲しかった。けど、その**使われないベビーベッドがある部屋でポツンと一人で暮らしていた**僕はもっと悲しかったかな。

あのころは金もなさすぎてCDを売って生活費にしているような状況で、栄養もとれず体調が悪くなっていたときに、それを見かねた有馬自由（扉座所属俳優で、六角精児バンドのメンバー）がキムチ鍋を作りに来てくれて、それでどうにか体力を取り戻したこともありましたね。

だから子供を産んだばかりなのに、不味いチャーハンを食べて家を出ていった奥さんには本当に申し訳ないと思ってるんですよ。でもしょうがない、あのころの僕はそんなどうしようもないダメ男だったんだから。ギャンブル依存症のひどいやつを10年くらい続けていたんですよ。

ギャンブルは自分以外の誰かを悲惨にする。依存症の解決策は2つだけ

ギャンブル依存症も借金と同じで、ダメになって堕《お》ちていくときは大変じゃないんですよ。だけど、そこから元いたところに這《は》い戻ろうとするのが本当に大変なの。僕は事務所に所属していて仕事があったからどうにか戻れたけど、**戻ろうとしてももう無理な人がほとんど**だから。

舞台やテレビドラマにも出演していてある程度のお金は入ってきたけど、借金を返さなきゃならないので楽にはならなかったですね。養育費や家賃も払っていたの

で手元にはほとんど残らなかったけれど、そのほんの少しだけ残った金をギャンブルに使っていた（笑）。だから僕はずっと依存症のままなんだろうな。

はっきり言っちゃえば依存症は完治がないから、それとうまくつきあえるように収入や仕事量とのバランスをとっていかないと、自分以外の誰かを悲惨な目にあわせてしまうからヤバイんですよ。

以前「ギャンブル依存症の旦那がいて〜」なんていう相談の手紙をもらったこともあって。返信用の封筒も入っていたけど、僕は「治りません」なんて事実を返すことはできなかったな。依存症は完治がないから**「今日はやらなかった」という毎日を積み重ねていくしかない**。仕事が忙しすぎる場合は時間がないからギャンブルから遠ざかり、やらなくて済むようになるんです。

だからどうしても治したいというのならば、一生懸命仕事に打ち込むような状況に自分を追い込むのも一つの方法。あるいは、もしそれがパチンコ依存症なのであれば、パチンコ屋がない離島で暮らす。解決策はこの二つしかないと思うのです。

もうギャンブル依存の世界には戻りたくない。でも自分のことも信じていない

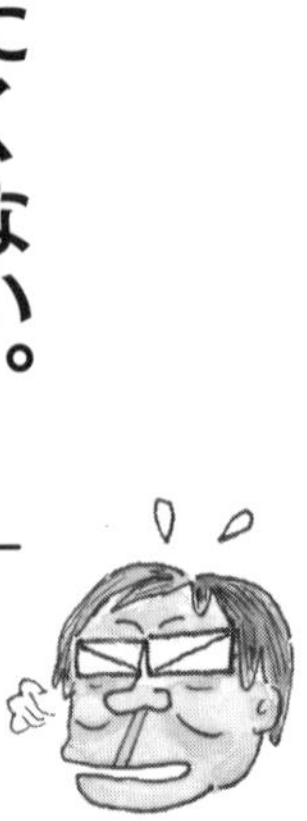

借金をすべて返し終えたときに、なんだかわからないんだけど**「ザマアミロ！」**って気持ちがどこからか湧いてきたんですよ。それが世間や他人に向けてなのか自分に対してなのかもわからないんだけど、とにかく浮かんだのは「ザマアミロ！」って一言だったなぁ。

それからは見える世界がかなり違ってきましたね。ありがたいことに、そのころドラマ「電車男」でわりと大きな役をもらったり、「相棒」も長く続くうちに僕が

やっていた鑑識・米沢守役の出番も増えて、主役のスピンオフ映画も作られたりで、だんだんと忙しくなってきたんです。

面白いのはドラマの視聴率が20％を超えたとき、翌日歩いてると周りが自分を見る目が昨日まではぜんぜん違うんです。「これはいったいなんだ？」って驚きはあったけれど、僕はギャンブルや借金で本当に酷《ひど》い思いをしているから、みんなの目が違うからといって**うわついた気持ちにはぜんぜんならなかった。**もうあの依存の世界には戻りたくないっていう思いが強いんです。

ただ、これからまた仕事がなくなって時間ができてしまったら、依存の世界に戻る可能性は大いにありそう。実際にいまでもヒマができたときにはギャンブルをしているから、ちょっとヤバイなと思いますね。一つの予防線として「ある程度の金額までやるのは仕方ない」と思うようにしています。なにしろ自分というものを信じてないから（笑）。その限度額を超えないように、持っているお金は奥さんに渡しちゃうのがいいかも。それで一日の小遣い制にすれば大丈夫かもしれない。

僕がギャンブルを好きな理由。究極のところ、勝ち負けはどうだっていい

ギャンブルが好きな理由を僕なりに考えてみたんだけど、別に一攫千金《いっかくせんきん》を狙っているわけではないんです。なんというのか**「ギャンブルの汁」**が出るようなヒリヒリ感、あれが味わいたくてやっている。究極のところをいえば勝ち負けはどうだっていいんですよ。ギャンブルなんてだいたいは負けるわけだから、ほとんどのギャンブラーたちはいつか生活ができなくなってどこかへ消えていくじゃない。でも彼らも頭の中ではわかってるはずなんですよ。儲《もう》けたいという気持ちよりも、

ただただギャンブルが好きだからやってるってことを。

そして「ギャンブルが好き」ってのがなんなのかといえば、要はあの**「ヒリヒリ感が好き」**ってことなんじゃないかなと思っていて。そりゃもちろん勝ったときは嬉《うれ》しいけど、負けたからってそんなに悲しまないように思考ができているんですよ。

なかには友川カズキさん（孤高のフォークシンガーで熱烈な競輪好き）みたいに本気でヒリヒリ感に対して食らいついてる人もいます。本当に勝とうと思っているから、一つ一つの思いが強い。「これが来たら万車券だ！」ってのと「だったらこれを選ぶぞ！」ってのと「来いっ！　来いっ！」っていうすべてが異様に深いんですよ。でもそれもやっぱり究極的には勝つ・負けるではなくて「競輪が好き」だからなんだと思います。まあ友川さんくらいになると、もはや「競輪の神様にとり憑かれている」というしかないレベルですけど。

かつて味わった劇団での悲劇。恋愛のもつれは仕事に影響する

かつて僕たちにとっては劇団という場所が生活のほぼすべてだったから、そうした中での恋愛のもつれは仕事にじかに影響しましたね。

だいぶ前の話だけど、舞台の本番中に控室で役者カップルが別れ話をしていて、そのとき楽屋にモニターがなかったんですよ。しかも間の悪いことに、出演していた大女優がセリフを10分以上も飛ばしちゃって。それで男優の出番が急遽繰り上がったんだけど、もちろん本人はそのことを知らずにずっと女優を説得していて、結

果、出トチリ。しかも運悪く、その男優が重要なセリフを言う船長の役だったから話が先に進まず、われわれは5分くらい「船長～！　船長～！」って叫びながら舞台上を右往左往するしかなくて。もちろんお客さんにはバレちゃってたんだけど。いつ何時どんなことがあるかはわからないのだから、危機管理だけはしっかりしたうえで思い悩まないと手痛いことになるという好例ですね（笑）。

僕自身の体験でも、彼女がいたくせに劇団の別の女性を好きになってしまい、舞台に出ても**そのコのことで頭がいっぱいで芝居ができなくなった**ことがありました。その彼女のことを贔屓《ひいき》にしすぎて、演出家に「あいつをいい役につけてやってくれ」なんて言ってしまったり。そしたら「おまえどうしたんだよ、そんなこと言うやつじゃないだろう」ってビックリされて。いや、たしかにそうだなと（笑）。

これもまた、人間はなにかに激しく依存するとどれだけ愚かになるのかっていう見本ですよ。

一度経験した大失敗。それから「用心深い楽観」という妙な気持ちが生まれた

僕なんて自分が失敗したことも、あとから振り返れば楽しい経験をさせてもらったなと思うことが多いですよ。

ある舞台で相手役の名前を完全に忘れてしまい、しかもお客さん全員にそれがバレてしまっているという、とても恥ずかしくて哀《かな》しい思いをしたことがあって。でもそんな大失敗をしたら、もうこれより酷《ひど》い失敗はないかもなと考えると、気持ちが楽になるんですよ。もちろん同じ過ちを繰り返さないように最善は尽くすけど、

それに加えて**「あれほどの失敗はもうしないだろう」**って思うようにしています。それは**「用心深い楽観」**とでもいえばいいんだろうか(笑)。

そういえば最近はだいぶ疲れを感じやすくなってきたなと思います。いまはそれだと困るので、大変な公演なんかのときは酒は1、2杯しか呑《の》まず、煙草《たばこ》もまったく吸わずに、ただただ睡眠を取ってますよ。それでリスクヘッジのためにしっかりセリフを覚えて台本も読み込んで。いまは疲れて言葉が出なくなったりもするから、そこまでキチンとしないと心配なんですよ。

むかしはそんなことしなくても、昼の公演で酔っぱらってて、夜の公演で汗を落としたらそのまま呑めたんだけどなぁ。引退してなんの責任もなくなればそれでもいいだろうから、そのときはまたなにも考えずに呑み続けて昼と夜の区切りをなくそうと思っています(笑)。

スペシャルインタビュー

Special Interview

1

六角さんとゆかりの深いかたに突撃インタビュー。
興味深いお話がたくさん詰まっています。
まずはドラマ「相棒」に六角さんを起用した、
映画プロデューサー須藤泰司さんのお話から。

須藤泰司

Yasushi Suto

Profile

1968年、北海道生まれ。92年に東映入社。テレビ部プロデューサーとして「相棒」シリーズの立ち上げから定着までを担当。映画「探偵はBARにいる」シリーズではプロデューサーのほか共同脚本も手がけ、第35回日本アカデミー賞で優秀脚本賞を受賞。近年では「大怪獣のあとしまつ」、「ハケンアニメ！」で再び六角精児とタッグを組んでいる。最新プロデュース作は東映創立70周年記念作品「THE LEGEND & BUTTERFLY」。

六角さんて、品行は悪いけど品性がいいんです（笑）

Special Interview —— 映画プロデューサー **須藤泰司**さん

相棒の当初の役柄オファーは「被害者役」か「監察医役」だった

六角さんとの出会いは？

——僕がまだ大学生だった１９８８年のことです。実家のある札幌に帰省したとき、たまたま善人会議（現在の扉座）の「夜曲—放火魔ツトムの優しい夜—」という舞台が札幌本多小劇場で上演されていて。善人会議のことは知っていたので観に行ってみたら、芝居自体も良かったんですが、とにかく面白い役者さんがいて、それが六角さんでした。うまいとかヘタとかいうよりも存在感が強烈で、そういう意味ではいまと変わらない六角さんがそこにいたわけです。やっぱり小劇場にはこういう役者がいるんだなって強いイメージが残ったんですよ。

その衝撃が自分でも学生劇団をやるきっかけ

になったんですよね。芝居というのはすごく個性があって多様性もあって、いろいろなことをやってもいいんだな、と思わせてくれた。芝居の自由な魅力というのを、あのときの六角さんが体現していたように思うんですよ。

そのころの六角さんはまだ売れていないですよね？

——小劇場好きのあいだでは知られていたと思いますが、まだテレビにはほとんど出ていなかったはずです。

90年代前半になると小劇場で活躍していた人たちがけっこうテレビドラマに進出してきたんですよ。でも六角さんや川原和久さんは、出てきそうで出てこないままだったんですよね。

そのころ僕もテレビの仕事に携わるようになりました。92年に東映に入社したんですが、最初は刑事ドラマばかり担当していましたね。刑事モノって基本は一話完結だから、毎回毎回キャスティングをやっていて。レギュラーのほかにいつも10〜15人くらいの役者さんが必要なんですよ。犯人役や目撃者役、聞き込み先の管理人役や死体役まで決めなくちゃならないので、有名な人から無名な人まで毎週キャスティングするんです。たぶん2000人くらいの配役をしたと思うんですが、そのおかげですごく役者さんには詳しくなりましたね。そんなことを何年か続けていたんです。

「相棒」で六角さんをキャスティングした理由は？

——長く刑事ドラマを担当していたわけですが、いよいよ自分が上の立場についてプロデュースすることになった番組が「相棒」だったんです。だからキャスティングにあたっても、自分の好きな役者でぜんぶ固めたいなと思ったんですよ。それで小劇場のトップやナンバー2の人たち、川原和久さんや大谷亮介さん、山西惇さんなど、世間的にはあまり知られていないけれど、小劇場好きにとってはオールスターのような役者さんたちを揃《そろ》えました。もちろん、そこには六角さんもいてほしかったんです。

六角さんにオファーしたとき、**実は役が二つあったんですよ。「一つは被害者役。大きな役なんだけれどシリーズ化したら再登場はない。もう一つは監察医役。ワンシーンだけだけど、もしシリーズになったらまた出番がある」という話を六角さんの事務所にしたところ、「監察医」という返答がありました。**実際は鑑識課員になりましたが、ともあれそれが現在にまで繋《つな》がっているのは感慨深いですよ。まさかこんなに長く続くことになるとは考えてもいなかったですから。

最初のころの六角さんは「オレに触れるなよ」という雰囲気だった

それまで六角さんと仕事をされたことはないのですか?

——「相棒」が初めてです。舞台役者としての六角さんはすでに有名だったので、僕としてはテレビに抜擢したとかいう意識はこれっぽっちもなくて、むしろ小劇場界のスターたちを並べてみたいというこちらの思いを叶《かな》えてもらった感じです。

でも劇団系の役者さんたちを揃えたのには理由もあって、みなさん滑舌がいいんですよ。刑事ドラマなどは説明ゼリフが多いので、その説明を滑舌悪くしゃべられると観ている側にもストレスがたまるんですよね。しかも視聴者には年配のかたが多いので、モニョモニョだと伝わりづらいんです。その点、六角さんてすごくいい声をしてるし、はっきりしゃべるから聞き取りやすいじゃないですか。

「相棒」はバイプレイヤーのかたがたが絶妙な存在感を発揮していますよね。

——俳優さんの中には松田優作さんなんかに憧れているちょっと不良っぽい役者さんが一定数いるんですよ。僕は勝手に「優作系」と呼んでいるんですけど(笑)。そういう人は優作さんの魅力を勘違いしていて、オレがオレがって前に出てがんばろうとするんだけど、主役を頂点にピラミッド形のキャスティングを組んでいるこちらからすると、「優作系」は必要ないんですよ。

その点、「相棒」の山西さんや川原さんたちは主役の水谷豊さんを立てつつ自分の仕事をしっかりこなしてくれる。それによって物語の軸がはっきりして見やすくなるんですよね。

それに劇団でトップを張ってきた人たちだから、**少ない出番でもちゃんと自分の見せ方がうまい**んですよ。要は、全体のバランスの中でピースとしてきちんとハマりながら個性も出している感じなので、すごく「飽きない画《え》」になるんですよね。

六角さんなんてその最たるもので、鑑識はずっといるわけでもないのに、たまに出てくるとついつい目をひかれちゃう存在感があるんですよね。

出会った当時の六角さんはどんな人でしたか?

——最初のころは、**ちょっと人を寄せつけないというのか、「オレに触れるなよ」って感じのザラッとした怖さのある人**でしたね。打ち上げで呑《の》みに行っても、みんながワイワイやってる横で少し斜《はす》に構えて周りを見ているイメージ

（笑）。
「無頼《ぶらい》派」っていう言葉がすごく似合うような人だった。

「相棒」がスタートしたころが人生で一番大変だったと話していたので、その労苦が表に出ていたのかもしれないですね。

――ああ、きっとそういう意味では**心もハードボイルドな時代だったんでしょうね（笑）。生活がやさぐれて一番ギザギザしていたころだったのかもしれない。**

でも「相棒」を続けているうちに役者さんもスタッフも番組に対する誇りや愛情のようなものを持ち始めて、そうした中で六角さんも自然と馴染《なじ》んできた感じですね。

「相棒」の打ち上げはカラオケステージがあるお店でよくやっていたんですが、水谷さんが「カリフォルニア・コネクション」を歌ったり、岸部一徳さんがジュリーの曲を歌ってくれたりしてすごく盛り上げてくれるんですよ。

それで3年目くらいかな、六角さんと大谷さんがウクレレを弾きながら曲をやってくれて。それがメチャクチャいい曲だったから「これ池（頼広）さんにお願いしてCDにしない？」って話をしているうちに、お互いが音楽好きだってことがわかって。それからは呑みに行くたびに芝居とか演劇論の話とかは一切しないで、ずっと音楽の話ばかりしていました（笑）。

「相棒」の撮影現場はどんな雰囲気でしたか？

――杉下右京はセリフの量がすごく多くて、台本1ページ分くらいあることもザラなんですよ。そういう長いシーンの前は声かけないでほしいって役者さんが多いんですが、水谷さんは直前まで談笑していて、でも撮影に入るとすぐに切り替えて演技を始めるんですよ。

それはすごいことなんだけど、共演者はその長いセリフの合間に自分のセリフを挟まなきゃならないわけで。そのきっかけを外しちゃうと水谷さんの長いセリフもすべて台無しになっちゃうので、共演者はみんな緊張しているんです。実際にはミスしても水谷さんがイライラするようなことはないんだけど、だからこそ周りの役者たちも手を抜けないという、いい意味での緊張感がいつもある現場でしたね。主役がビシッと決めるなかでそれを自分のミスで汚すわけにはいかないという、みなさんプロの矜持のようなものを持って臨んでいました。

僕はSEASON5までしか関わってないんですが、先日久しぶりに現場を見学しに行ったら、まだちゃんとあの緊張感が持続しているんですよね。

それと、いまでもたまに六角さんはゲストで登場するけれど、いまだに**「久々だけど、やっぱり緊張する」**って言うんですよ。そういう現場の空気感が持続していることも、「相棒」が長く続いている一つの要因かもしれませんね。

当時の六角さんに関する印象的なエピソードはありますか？

――「相棒」がそこそこ人気が出てきたころ、**六角さんがパチンコ屋の開店待ちで並んでいたときに、お客さんから「あれ、鑑識さんですよね？」って声を掛けられて、「違います」って否定したことがあるらしいんですよ（笑）。**「最近は顔が売れてきたんだから、そういうところに並ぶのはもうやめたほうがいいよ」って話をした記憶はありますね。

「相棒」がヒットした理由はどこにあると思いますか？

――杉下右京と相棒の二人さえいれば、一話完結なのでどんなエピソードを突っ込んでも大丈夫なんですよ。つまりパターン化しない。たとえば社会性のある話もスリルあるサスペンスもトンデモトリックみたいなミステリーでも、そのときどきに面白いと思えるものを取り込んでいました。カラーがぜんぜん違うストーリーでも右京と相棒がいれば一つの作品として成立するので、それが飽きられない理由かなとは思ってます。

僕は「踊る大捜査線」を観たときに、もう刑事ドラマはこれ以上あと戻りできないと思ったんですよ。

そのころ東映は高年齢層をターゲットにした「はぐれ刑事純情派」という大人気ドラマを制作していましたが、自分が関わることになった「相棒」はそれとはまた別の、できる限り多様性を持った作品にしようと考えて作ったところはあります。

須藤さんにとって「相棒」とは?

――「相棒」に携わったおかげで、この業界に名刺ができた感じです。まだ代表作もなかったころに大ヒットして映画にまでなったじゃないですか。すると次の企画を進めるときに『相棒』をやっていた須藤です」と伝えると、どこでもいったん話を聞いてもらえるようになったんですよ。この名刺は2、3年は使えると思ったから、その間に次のなにかを成功させないといけないと考えて仕事をしましたね。

「相棒」以降の六角さんとのおつきあいは?

――六角さんが「相棒」に毎回出演していたときは、番組に迷惑をかけてはいけないので仕事の依頼はしませんでした。本当は僕がプロデュースした映画「探偵はBARにいる」にも出演してほしかったんだけど、やっぱりスケジュール的な面で重なっちゃうから難しかったんですよ。

だから「相棒」のレギュラーを卒業されたと聞いて「これで自由に一緒に仕事ができる!」って思いましたね。

それ以降はまた二人で呑みに行く機会も増えました。2、3年前にも横浜の野毛に呑みに行こうって話になったんですけど、六角さんが「じゃあ渋谷のモヤイ像前で待ち合わせよう」って言ってきて。それ目立つでしょ!って思ったんだけど平気な顔で現れて、それで二人で電車に揺られて横浜まで行きました(笑)。

須藤さんは六角精児バンドの曲に詞を提供していますよね。

――たしか日比谷で一緒に呑んでいるときに「今度2枚目のCDを出すんだけどさ。おまえはつきあいも古いしオレのことよくわかってるから、オレを題材に詞を書いてくれないか」って言われて。作詞なんてほとんどしたことないんだけど「ああ、いいですよ」って軽い気持ちで引き受けちゃいました。僕が脚本を書いていることは知っているし、六角さんが好きなむかしのフォークとかを聴いていることもわかってるから依頼してきたんだと思いますけどね。

頼まれたのは1曲だったんですが、本当に1曲しか書かないのも失礼かなと思ったのでなんとか4曲くらい仕上げて「ボツでもいいのでも し気に入った詞があれば使ってください」って渡したら、その中から3曲使ってもらえたのでビックリしました(笑)。

それはすでに曲ができていたんですか?

――いわゆる詞先で、あとから曲をつけたんです。どれも僕が想像する六角さんのいろいろな印象で書かせてもらいました。たとえば「チェルシーホテル」という曲は、「60年代ニューヨークのグリニッジ・ビレッジで、ギターを抱えて歩いている六角さん」のようなイメージが浮かんだので、そこから物語を膨らませていった感じです。

六角バンドはいま日本で一番ライブを観に行って面白いバンドだと思いますよ。いつか武道館で観てみたいですね。

今後、六角さんに演じてほしい役などはありますか？

——最近は自分が携わる映画のことを考えるときは、「六角さんはどこに入ってもらえるだろうか」とつねに考えていますね。具体的にどんな役柄っていうのはイメージできていなくても、スケジュールさえ合えば自分の映画には必ず六角さんを入れ込みたいと思っているんですよ。「ハケンアニメ！」も「大怪獣のあとしまつ」もそんな感じで出演してもらいました。

六角さんが入ると、うまく説明しづらいんですが、なんとなく「面白そうな感じ」になるんですよね（笑）。それをあざとい感じではなく、なるべく六角さんに寄りすぎることなくキャスティングできればいいなと思っています。

六角精児は「無頼」と「飄々《ひょうひょう》」、それと「品性」

六角さんは進化（深化）していると思いますか？

——六角さんのベースにはつねに「自分は劇団員」という意識があると思うんですよ。それはむかしからずっとブレないまま、たぶん帰る場所としてあるんじゃないでしょうか。

いまは好きな音楽活動もして、ミュージシャンとしての側面もありますよね。でもそれは若くして売れたからやれているわけじゃなくて、長いこと役者を続けてきたことでその実力が認められて、それで演劇以外の好きなこともできるようになったんだと思います。六角さんには、そうやってすべてを自分で手繰りよせてくる強さがあるんですよ。

おそらく、**ギャンブルや離婚などで何度も危機的な状況を乗り越えてきたからこそ、いま地に足が着いたものになっているんでしょうね。**それと最近の六角さんで思うのは、歌うことに関してもボイトレなどの基礎練習をちゃんとやっているし、ミュージカルのような新たなチャレンジもしていて、すごく前向きなんですよね。

六角さんは仕事とプライベートでの印象は異なりますか?

――あまり違いはないと思いますね。俳優さんと呑むのって本当はちょっと苦手なんですよ、気を遣《つか》わなきゃいけないし。でも六角さんて芸能人に対するというよりは、友達や先輩に対するようなつきあい方ができるんですよ。それに六角さんもそう思ってくれているのも伝わります。たぶんそれは仕事の話をしなくても一緒にいられるってことが前提にあるんじゃないかと思います。

いまは仲良くおつきあいさせてもらってますが、初めて仕事をしてから十数年かかってようやくこうなってきたから、きわめてゆっくりなんですけどね。

六角精児という人物をあえて3つの単語で表したら?

――そうですね……**「無頼」と「飄々」、それと「品性」かもしれませんね。**

最初の二つはわりとイメージどおりだと思う

んですが、実は「品性」も六角さんの重要な要素だと思っています。

六角さんがパーソナリティーを務めているラジオ番組を聴くとよくわかるんですが、言葉の選び方が驚くほど丁寧なんですよ。過去の自分のやさぐれた話なんかをぶっちゃけて話しているけれど、でもそこで出てくる言葉が乱暴かというと、すごく実直で誠実なんですよね。人のことを悪く言うようなこともないし、ミュージシャンに対するリスペクトとかもつねにありますし。

それと**自分を自分以上に見せようとしない、というのも六角さんの魅力ですよね。**背伸びもしなければへりくだって低く見せることもしないし、ちゃんといまのありのままの自分の思いを言葉を選んで伝えている気がします。だからイヤミがないし、気持ちいいんですよ。

そこには**育ちの良さがにじみ出ている**んじゃないかなと思うんです。しつけに厳しかったお母さんやお姉さんのもと、幼少期にきちんとした家庭環境の中で育ってきたんだろうなと。要は六角さんて、**品行は悪いけど品性がいいんです（笑）**。小津安二郎の言葉にある「少しくらい品行が悪くてもいいけど、品性は良くなければいけない」というのを地で行っている人かもしれません。

だから僕にとっての六角さんのイメージは「無頼」「飄々」「品性」なんですよ。まぁ本人が聞いたら「そんなんじゃねぇよ」とか言いそうですけどね（笑）。

最後に六角さんに一言あれば。

――また下北沢で音楽聴きながら深い時間まで呑みましょうね！

ザヴァ〜
う〜ん

3章

経験を積んで大人になってきた時代

自分が自分に全面降伏。自身の愚かさを知ることが経験になる

若いころは**「自分だけは特別だ」**なんてついつい考えちゃうもんじゃないですか。でも実はそれがぜんぜんそうじゃないことが判明するのが、人生のモラトリアムが終わって社会人になったあたりだと思うんですよ。

ただ僕の場合、小さいころに「自分だけ特別」と本当に思えることがあって。なんと僕には、小学生のときから選挙の投票券が届いていたんですよ。これはおかしいと思って市役所に問い合わせたら、戸籍表記のミスだってことがわかりました。

誕生日の記載を10年間違えていたらしくて、小学生なのに成人だとみなされてしまっていたという（笑）。

やや脱線しましたが、「私はこんなものではない」って肩ひじ張って生きていくよりも、**「私はこんなもんです」という低い姿勢から始めたほうがラク**だし、のびしろがあるじゃないですか。最初から「どうせ自分はこんなもんなんだ」と思って、自分が自分に全面降伏しながら生きていたほうがいいんですよ。大した人間じゃないと思っているからこそ、気負わずいろいろなことにチャレンジできる機会をもてるはずだし。それでちょっとずつ経験を積み重ねていって、気づいたときには大きく飛躍してるってこともあるんですよ。ここでいう経験は「失敗」と置き換えてもいいかもしれない。若いうちからいろいろと失敗をしている人は自身の愚かさを知っているし、それを繰り返さないように地道な努力もする。それに、失敗したときの気持ちもわかるから、同じような壁にぶつかっている人の気持ちも考えられるんじゃないかな。

ときには失敗することも必要。正解ばかりが正解じゃない

自分の中には「あーもうダメだ、やっぱりダメだ……よしっ、ここからがんばろう！」って思うことがよくあるんです。僕はすぐにへこたれる人間なんだけど、**なかなか諦めが悪いヤツ**でもあるんですよ。

がんばった結果うまくいかなくても、別にいいじゃないですか。簡単に手に入れられたり簡単に評価されたりすることにはあまり重みがなくて、長い時間をかけてようやく得られるもののほうが自分の血肉になりやすい。物事をすぐに諦めながら

そのままツルツルと先に進んでしまうと、**自分の骨格を作り上げる「節」ができない**んですよ。だから一つ一つの節を作っていくためには、失敗をしても決して諦めない気持ちが大事。失敗したことからほんの少しだけやり方を変えて再挑戦していけば、少しずつ骨格が形成されて血肉もついてくるわけだから。

「急がば回れ」ってことわざは、遠回りや迂回をすることで結果的に知識や経験がついてくることだと思っています。そういう意味では失敗することも必要なんですよ。自分で悩んで考えて編み出す知恵って、ときに突拍子もないものがあるから。それが道理としては誤った解釈だとしても、正論にはない爆発力を持っている可能性もあるし。それに一度キツく間違えれば次に同じ過ちを犯さないようになるから、より正解に近づきやすいとも言えるじゃないですか。とにかく正解ばかりが正解じゃない。**「間違いもまた正解」**なんですよ（笑）。

僕は「チーム六角」の一員。誰だって一人だけでずっと生きているわけじゃない

僕は**自分が大した人間じゃないと思っている**んですよ。それでもなんとなくひとかどの人間に見えるのだとすれば、周りの人たちがそうさせているだけで自分の功績ではないと思う。所属している事務所のスタッフが、僕というただの割りばしに砂糖をつけてクリクリクリクリって回して綿菓子を作ってくれたようなものだから、いうなれば「チーム六角」なんですよ。

というか普通に生活を送っている人間だったら、たいていはチームの一員なんじ

ゃないだろうか。決して一人だけでずっとやっているわけじゃない。誰かと共に暮らすこともそうだし、誰かと一緒に仕事をするのも当たり前だし。それが家族だったり学校だったり会社だったり事務所だったりという違いなだけで。困ったときにはたいてい誰かが相談に乗ってくれたり、助けてくれたりするんじゃないでしょうか。裏返せばそれは、相手にとって良かれということを自分もやっていかなきゃならないってことなんだけど。

だから、そのチームに対して自分からもプラスのアプローチをしていかなきゃダメなんです。なにか仕事を与えられたならば、成果が出るかどうかは別にしてもとにかく一生懸命取り組むのは当然のこと。でもそれと同じくらい大事なのが、仕事を任せてくれたことに対する**感謝の気持ちを、きちんと相手に伝える**ことですよ。それはいまの僕の行動原理でもある。その心がけって身近になればなるほど蔑《ないがし》ろになってしまうことがあるから、普段でも気をつけなきゃいけないなと思っていますね。

僕だって悪口を言われたら傷つく。そんなとき「自分を許す心」と「忘れる力」を発動する

いまの世の中は社会の道義めいたものがどんどんシステマティックになってきているから、「より賢く、より小ずるく、より要領よくなれ」って世間全体が言っているような気がします。でもそんなに打算的で小さくまとまっているだけじゃ人生は面白くならないから、ときには周りから嫌われる覚悟で**自分の好きなことを貫いてみる**という場面も必要なんじゃないかな。

そりゃ僕もひとさまから嫌われたくはないけど、でも嫌われないためにどうすれ

ばいいかをあまり考えない。だから僕のことを嫌いな人がいるのもわかるし、それは仕方がないことだと思う。ただ自分としては、なにかしらで人に接したときは必ず「ありがとうね」とか「楽しかった」という一言を添えたりして気を遣《つか》いながら生きてはいるんですよ。

悪口を言われたらもちろん傷つきます。だから「そんなことを言われたって平気です」なんて開き直るつもりはない。だけど、その「嫌な気持ち」を忘れてしまえばいいんですよ。六角精児バンドの歌にもあるように **「自分を許す心」** と **「忘れる力」。** 人のことを許しながら、自分も自分で許してあげる。自分のやった悪いことは忘れてもいいけど、相手に嫌な思いをさせたのであればそれは覚えてなきゃダメ。逆に、相手にされた嫌な思いによって腐ってしまった自分の心は忘れる。でもその嫌なこと自体にはコンチクショウと憤っているから、しばらくは忘れられないんだけど（笑）。

会社の人間関係には「穏やかな忖度《そんたく》」も必要。波風が立ったら、もっと大きな波を返せばいい

会社での人間関係が大変って人は多いけれど、他人のことをおもんぱかりながら極力気楽に生きていけば少しは改善されるかもしれない。接する相手のことをいつも「大切に思っている」ということをしっかり伝えつつ、自分の役割をきちんと果たせているのであれば、気楽に生きても文句を言われる筋合いはないですよ。

それでもグチグチ言うような上司は料簡《りょうけん》が狭いのではないでしょうかね。そういう相手にはこちらも料簡を狭くもって、**「穏やかな忖度」**をしながら接して

いく以外にない。**「はい、わかりました」とか適当な返事**でもして。

どうしても無理なときは「アナタが言ってることはおかしいから、私は辞めます」とちゃんと伝えたほうがいい。言う側と言われる相手との決別は、そのあと相互になにかしらの成長を与えてくれると思うので。そこは穏便にすませる必要はないし、むしろ白黒はつけておくべきでしょう。ときには波風が立つことがあるだろうけれど、そのときはこちらがもっと大きな波を返せばいい。

もし僕がその立場の人だったら「あいつなぜ辞めたんだ?」とかいう憶測が飛ぶような辞め方はしたくないですね。自分がそこにいた爪痕《つめあと》を残したい。というかその相手に爪を立てたい。

とにかく自分が思ったことを相手に言わなきゃ、自分がかわいそうじゃないですか(笑)。誰だって自分のために生きてるんだから。**自分のことが一番かわいいと思って穏便に暮らしたい**から、なるべく人に優しくしたいんですよ。

どーもー

4章

還暦を迎えて 老後を見据え始めた時代

還暦を迎えての心境。良くも悪くもいろいろな気持ちがなくなった

もうそんなにガツガツ仕事をしなくてもいいんじゃないかなと思っています。還暦を迎えて一番に思うのは「何事もしょうがない」ってことかもしれない。若いころは無駄なことで虚勢を張ったり、あの人は僕のことをどう思ってるんだろうとか、あの仕事ほしいなとかアレコレと考えていたけど、いまはそういう思いがほとんどない。この年になると、良くも悪くも**いろいろな気持ちがなくなってしまう**んですよ。

まず、見栄がなくなった。40歳過ぎたあたりから少しずつなくなってきて、いまはもっとないんだけど、とにかくだんだんとどうでもよくなってきた。そのおかげで変なしがらみがなくなったわけだけど、その分なにかに食らいついていこうっていう気持ちも薄くなりましたね。

それから、あまり人の目を気にしなくなったかな。たとえば芝居を観《み》に来てくれたお客さんがどう思ったとか、そりゃもちろん楽しんで観ていただきたいとは思っているけど、でも強く意識はしなくなったかも。あと「誰かに嫌われたんじゃないか？」ということもさほど気にならなくなりました。僕だってこの先そう長くもないんだから、そんなことで**悩むような時間はもったいない。**

以前はやっぱり「いいものを作りたい」というのが先にあったんですよ。でも最近は自分にできることをちゃんとやればそれでいいんじゃないかなと思っています。だからって手を抜くわけじゃなく、自分が納得するレベルでやり遂げる、ってことです。

役者が年齢を重ねるということについて。仕事がなくなった時点で定年なんです

映画でもドラマでも若い俳優はつねに需要があるけど、年寄りの役はそんなに必要ないじゃないですか。要は年齢を重ねるにつれて、演じられる役柄はどんどん限られていくんですよ。しかも、その限られた役だって実力のある人気俳優から順にチョイスされていくわけだし。だから松重豊さんみたいな人はいつまでも起用されると思うけど、**僕は微妙なところ**なんじゃないかなぁ（笑）。

同じ俳優でもルックスで売ってきた人は30歳くらいでふるいにかけられちゃう現

実があって。そのときに脂の乗ったサラリーマンがどうできるのか、40代では中間管理職をどう演じられるのか、50代では貫禄のある重役をどう見せれるのか。そうなるとイケメンという要素は大して必要でもなくなってくるから、人間としての魅力が備わってこないと厳しい。

俳優は定年がないっていわれるけど、**仕事がなくなった時点である意味定年**なんですよ。要は個人差があるだけで、定年がないわけじゃない。

僕はもし定年になっても、劇団は続けたいと思う。劇団って仕事じゃなくて社会活動だから。リタイアしたなりに、また違った切り口で芝居に取り組むことができるんじゃないかな。いまはどうしたって経済的な兼ね合いも含めて役者をやっている部分もあるのだけど、定年後はそこから離れて自分がやりたい芝居だけをしてみたいですね。

この先どうやっていこうという具体的なプランはまだないにしても、好きなものに少しずつ重きを置いていったほうがいいと思っています。

老後の不安を払拭したい。生活に困窮したら春風亭昇太師匠に頼る

国民年金はあまり払えなかったので大してもらえないから、仕事がなくなって経済的に困窮することが老後最大の不安かもしれない。でもだからこそ、いま一生懸命働いているんですよ。僕って先のことなんか考えてないような人間に思われてるかもしれないけど、**「このあと何年あるからいくら必要だろう」という簡単な計算はちゃんとしている**し、それに沿って働いているんですよ。

だから貯金がなくなっちゃうことはないとは思うんだけど、もしものときも一応考えてはいます。春風亭昇太師匠とは仲がいいんだけど、彼は落語をずっと続けるじゃないですか。そしたら地方の高座があったときなんかに色物《いろもの》（落語や講談以外の芸）として出演させてもらおうかなと思ってて。で、季節の話をしたりむかしの流行《はや》り歌をギターで弾いたりして、ちょっとお金をもらって帰ろうかと。実はその話はもう師匠にお願いしてるんだけど（笑）。

この先、日本がどうなっていくのかはわからないけど、もし僕のお金が底を突いてその日暮らしの人間、つまりむかしの僕のことだけど……になったとしても、それもまた気の持ちようで面白いんじゃないかな。だって第三者から見たら悲惨な状況で暮らしている人でも、決して暗くならないで生きてる人たちもたくさんいるわけじゃないですか。だから心の持ちようなんだよな。**一銭もなくなったってなんとか楽しく生きていく方法を見つけます**よ、僕は。

「親父バンド」は楽しい。趣味に寄り添ってもらえるような自分になるのが大事

音楽活動に関しては60歳を過ぎてからもまだまだやれるなってことがいっぱい浮かんできているから、いまはとても面白い時期だなって思っています。世間一般でいうところの「親父バンド」っていうのも、自分たちの責任でやる分にはすごくいいと思うんですよ。ほんの少し経済的な余裕ができたから、若いころに欲しくても買えなかったギターやアンプを購入して仲間とバンドを組めるなんて、最高じゃないですか。

ただ、ライブにせよCDを出すにせよ「人に聴いてもらう」ところにまで持っていくのはなかなか大変ではあると思います。趣味の範疇《はんちゅう》だったらいいけれど、人から望まれて演奏できるようになるまでは大変だし、まだ僕のバンドもそこまでいっているとは思えないもん。それに各自のスケジュールを管理したり、家族との時間を犠牲にしたりしなきゃいけないことも出てくるだろうから、そうしたリスクを負うことも覚悟しなきゃならないし。

だから、ゆっくり段階を踏んでいけばいいと思うんですよ。仕事方面が先細りしてきたとしても、また別の人生的な喜びが持てるものですし。

だいたい趣味っていうのは仕事が充実しているときはそれほど大切じゃないんですよ。でも仕事にちょっと躓《つまず》いたりしてしまったときに、**自分の気持ちの大きな拠《よ》りどころになりえるのは趣味**だと思う。そのためには細々と長い助走でいいのでずっと趣味に向かい合うことで、ふとしたとき、その趣味に寄り添ってもらえるような自分になれればいいんじゃないですかね。

老後の生き方について。世の中には無限に楽しみがある

若いころには知らなかったけど、年を取ってから知ったり気づいたりするものって案外楽しいし新鮮だと思う。なにごとも長生きしているほうがよく知っているとは限らないから、年を取っても好奇心は持っていないとダメでしょうね。

その気になれば世の中には無限に楽しみがあるんですよ。たとえば、マンホールの蓋に描かれてるデザインが好きとかいう奇特な人もいるわけで、興味の対象なんて自分で見つければいいんです。**定年したあとに居場所がどこにもな**

いって人は、そういうことに気がついていないのかなと思う。

その点、ウチの親父は**96歳なのにSNSをやっている**から大したもんだと思います。SNSなんて僕すらちゃんとやってないのに。でももちろんパソコンが使いこなせているわけじゃないから、操作がわからなくなったり故障したりしたら誰かに見てもらうわけですよ。先日も孫を呼んで直してもらってたんだけど、でもそのとき孫に向かって「そこまでやってもろうて悪いなぁ、ありがとう」って言ったんですよ。そこで感謝の言葉をちゃんと口に出してる姿を見て、「これが生きてるってことなんだな」、「この人は生きる価値があるんだな」とふと思って。僕にそう思わせてくれたこともまた、すごい価値のあることかもしれないし。まあ、それでも僕は96歳まで生きたくはないけれど（笑）。

できれば葬式はしないでほしい。死んだら終わりなんだから、気を遣《つか》わないで

たとえば寝たきりになって家族に世話をかけるのはどうにかして避けたいですね。なんにせよ「生きてるだけで素晴らしい」って考え方もあるんだろうけど、でも僕としてはそれもどうなのかなと思うんですよ。このままだと僕は糖尿病に罹《かか》る可能性が高いけど、インスリンを打ちながらでも楽しくお酒を呑《の》んでいたい。それで死期が早まったって別に構わないんですよ。

それでももし死んだら、葬式はなるべく簡素にお願いしたい。というか、**できれ**

ば葬式なんてしてもらいたくない。 死んでからのことなんてどうだっていいし、死んだら自分に価値なんかないんだから。そんなことに金を使うよりも残された奥さんに使ってほしいかな。年が離れているから、僕が死んだら僕の保険金で生きてもらわないと困るのです。

ただ、どうしても葬式をやらなければならないのだとしたら、ごくごく身内の人だけ集めてそこらへんのミカン箱にでもお骨を入れてもらえば十分ですよ。もちろんお墓も不要なんだけど、だからといって**鳥葬**にするわけにもいかないし（笑）。いまは樹木葬とか団地みたいなお墓とかあるから、そういうのでいいです。立派な墓石なんか絶対にいらない。それと葬式でたまに故人が好きだった音楽を流すってのもあるけど、僕が音楽好きだからってそんな演出はしなくていいですよ。とにかく死んだらそれで終わりなんだから、僕に気を遣う必要はないからさ。

高田渡さんは人生の師匠。彼は自意識がないんじゃなくて意識がない

いまは亡きフォークシンガーの高田渡さんがとても好きなんだけど、彼の一番の魅力っていうのは「自意識のなさ」。いや本当はあるのかもしれないけれど、いかにもないような演技をしてるんですよ。演技だとしたら実に見事。歌を唄《うた》っているんだけど、**唄っている感じがぜんぜんしない。**加川良さんが渡さんのことを歌った「下宿屋」という曲の中に「唄わないことが一番いい」って歌詞があるんだけど、それと「芝居をしないこと」ってのはどこか似てる気がする。要は、「な

にかを演じている自分を、本人が客観視できるのが邪魔」なことのように思えるんですよ。

普通は、歌には「歌う」っていう自意識があるじゃないですか。でもそれがまるでないように思えるから渡さんは凄《すご》い。そのことを息子の高田漣さんに話したら、「いや親父は自意識がないんじゃなくて、**意識がない**んですよ」って(笑)。

僕もそういう自然体で生きられたらいいなと思っているので、最近は人との会話をだんだんうまくやり過ごせるようになってきた気がする。なにか言われたことに対して「そんなもんかなぁ」という絶妙に内容のない相槌を打ってみたり、「へへへ〜」とか意味なく笑ってみたり。

そういえば下田逸郎さんに聞いた話なんだけど、いつも酔いどれている渡さんにあるとき「おまえ本当は酔っぱらったふりをしてるだけなんじゃないのか?」って聞いてみたら、急にマジな目つきになって見返してきたらしいんだよ(笑)。やっぱり高田渡さんは面白いねぇ。

鉄道もいいけれど最近は「島」にも興味あり。周りを海に囲まれた孤立感に浸る

最近、島にとても興味があるんです。瀬戸内海あたりの鉄道に乗っているといろいろな島が見えるので、あそこにはなにがあるんだろうなとぼんやり考えたのがきっかけで。人は住んでいるのかなとか、船がないと行けないのかなとか思いを馳《は》せているうちに、どんどん興味が湧いてきたんですよ。

尾道の街のすぐ目の前に向島というのがあって。その島にパチンコ屋の看板が見えたから、あの店にはどうやって行くんだろうと思って辺りを見回したら渡しの船

があった。それで行ってみたんだけど、島に着いて地図を見たらその先に因島があることに気づいてしまった。

島の向こうに島があるってことになんだか興奮して、さらに因島までフェリーで向かってみたんですよ。そしたらフェリーに空車のタクシーが乗っていたから、船上でタクシーを拾ったの。**運転手さんが驚いたような顔でドアを開けてくれた**のを覚えていますよ（笑）。で、因島に着いたら今度はそこから別の島が見えるので、また気になっちゃうという繰り返しでしたね。

僕はもともと地図を見るのが好きなんだけど、最近では地図上でいろいろな小さな島を探すのが面白いんだよな。それで気になったところはネットで調べてみる。

いままで行った島で印象的なのは沖縄の波照間島かな。島一周道路が9キロくらいの歩ける大きさなんだけど、夏のシーズンを避けて行くから海にも入らないし、本当に何もすることなくてただただボーッとしている。とても美味《おい》しい泡盛があるからそれを呑《の》んでるうちに一日が終わるんだけど、それが最高なんですよ。

理想の生活。
南国の製糖工場で働いて責任から逃れたい

むかしから「流れ者」という存在に憧れがあるんだけど、それはなぜなのかといえば、つまるところ「責任のなさ」に惹《ひ》かれているんじゃないだろうかなと。僕はつねづね責任というものをまったく持たずに生きていけたら素敵《すてき》だなぁと思っているんですよ。

もちろん責任を持つことの喜びっていうのも感じたことはあるし、それがないと資本主義の社会では確かな収入も得られないかもしれない。でも、そんなに収入がなくたって責任のない生活を送れるほうが楽しいかも、って思うんですよ。たとえばの話、どこか南のほうの島にある製糖工場をパートとして渡り歩くとか（笑）。朝9時ごろから仕事を始めて夕方に終わったら、その日に得たお金で一杯のお酒と夕食をとる。そういう暮らしからは、**なにか大事なものを得られるような気がする**んですよ。日々の生活水準を高く設定しなければ、「責任がないことの自由」な度合いってすごくあると思うし、それが「流れ者」という言葉の中には間違いなく含まれているんですよ。

普通に働いている人も、定年や嘱託になったら責任はずっと少なくなるじゃないですか。僕にしたらそれはある意味**「待ってました」という状況**なんだよな。だから還暦を過ぎて責任が軽減することをみなさんも喜びだと捉《とら》えてみれば、少しは気が楽になるかもしれませんよ。まあ僕の場合、できれば口うるさく言ってくる嫁さんもいなくなってくれればさらに嬉《うれ》しいんだけど（笑）。

僕は流れ者になりたい。でも寅さんは女性に執着しすぎているかも

仕事を定年退職したあと、「流れ者」になるという選択肢もあると思うんですよ。僕としては世間が許してくれるならば、いますぐにでもなりたい心持ちだけど。ただし、寒風吹きすさぶような北国を放浪する侘《わび》しい流れ者というのは、つげ義春の漫画のような世界だけでご勘弁願いたいよね。どうせ流れるのだったらもっと暖かい場所、一年じゅう野外でも過ごせるようなところをさすらったほうがいい。たとえば、僕の大好きなミュージシャンのライ・クーダーの曲が似合いそうなボー

ダーラインやメキシコのあたりや、ハワイやオセアニアの島々とか。とにかくそんな**南国でぬるま湯**に漬かりながら、責任を持たずに自分の身の丈に合った生活をするっていうのもまたひとつの真理だと思うんですけどねぇ。

ところで、日本の流れ者の代表といえば「男はつらいよ」の車寅次郎でしょう。もちろん寅さんの生き方もいいけど、でもあれほどいろいろな人たちに関わる必要はないと思うんですよ。そもそも僕だったらあそこまで女性に執着はしない。僕はいまでは**女性にモテたいって気持ちがない**ので、自分が女の人からどう思われてるかとか考えなくていいから楽なんですよ。けれど寅さんは執着しすぎちゃうから、たぶんいつだって胸が苦しいんだろうなぁ。

責任を負わない男は女性のことなんて考えないほうが幸せなんですよ。ただし寅さんと同じ程度の経済活動はやってないとダメでしょうね、つまりそれが僕の言う「製糖工場のパート」なわけだけど（笑）。

旅先のお酒にはドラマがある。その町の一番はじっこのほうにある店が好き

旅先で酒を呑《の》むときは、なにかしら探求心をくすぐる店っていうのに惹《ひ》かれますね。お酒が呑みたいってこと以上に、どんな出会いやどんなドラマが待っているんだろうってことを確かめにいくような感じかな。だから、町や集落の一番はじっこのほうにある、**まるで地の利がなさそうな店を選ぶ**ことが多いかもしれない。町はずれにあるテナントビルの最上階で、半分くらいの店舗のシャッターが閉まっているその奥で営業してる店っていうのも入ったことあるし。

ある川沿いの町はずれに立っていたビルの店で、好きだった男の四十九日だとかで喪服を着てカウンターに立っていたママもいたな。「いまは車で送迎してくれる人がいないから寂しいけど、家に帰ったらもっと寂しいのよ」とか話してて。そのときは呑み代とは別に香典を置いていったんですよ（笑）。

地方のそういうスナックにいる女の人は、お酒を呑むと「実はあたしはこんなところで働いてるような人間じゃなくて……」と身の上を語りだす人がけっこういるんですよ。「そりゃそうだろう、まぁまぁ」ってお酒を勧めると、生い立ちからなにから話してくれたりして。僕には**そういう身の上話がなぜかたまらなく愛**《いと》**おしく思える**んですよ。

ありがたいことに、最近は地方で呑んでても六角精児だと認識されることが多いんだけど、こんなところに芸能人が来るはずがないからニセモノだと思われるときもある。ニセモノだと疑いつつも一応「六角さん」て呼んでくれたりするのも、また嬉《うれ》しいんですよ。

最近のネット社会に一言。SNSはクセと条件反射で成り立っている

たまに「SNSはやらないんですか」って聞かれることがあるんだけど、年を経るにつれてどんどん自分のことを気にしなくなっているようなやつが、そんなものやる意味ないじゃないですか（笑）。

そもそもSNSのシステムって本当にいいものなのかなぁ。僕がやらない最大の理由は、自分が実感できるところ以外に意見や情報が飛んでいっても意味がないと思っているからですね。自分の意見を晒《さら》すにしても、多くの人に広く知ってもらお

うとは思わないんですよ。それだったら、自分が知っている人や顔が見える範囲の人に自らの口で伝えたい。要は誰かに認めてほしいとかいう欲求があまりなくて、自分がいいと思ったらそれでいいんですよ。

ただ、なにかの宣伝に使うにはSNSも有効なのかもなとは思うけど、宣伝ばかりなのもちょっと虫が良すぎるから、結局なにもしない。

嬉《うれ》しい出来事をSNSで報告する人もいるけど、僕の場合は仕事とかで**嬉しいことがあればマネージャーに伝える。だけど奥さんには話さない。**だって共有しても半分くらいはただ「ふーん」っていう感じで反応が薄いから。

SNSで「今日はなにして楽しかった」なんて書くのは、なにかを発表したい人の「クセ」だし、それに対して「いいね」なんてするのは嘘で、だいたい条件反射ですよ。SNSなんてクセと条件反射で成り立っていると思うな。

スペシャルインタビュー

Special Interview

2

六角さんとゆかりの深い方へのインタビューに
なんと、六角さんの奥さまが登場!
六角さんも公言されている有名な話ですが、
六角さんの四度のご結婚のうち、
二度めの結婚と離婚、そして
2011年に六角さんと再婚をされた、
稀有なご経験をもつ女性です。

六角さんの奥さま

Mrs. Rokkaku

Profile

秘密

久しぶりに六角さんに会うようになって
やっぱり六角さんのような人が好きって

Special Interview —— 六角さんの**奥さま**

最初の印象？
……覚えてないです（笑）

お二人の出会いは？

——短大を卒業してすぐのころ、研究生として扉座に参加したときに知り合いました。

そのころは稽古が終わったら毎日のように劇団員みんなで呑《の》みに行っていたので、たぶんそうした飲み会で接したのが最初だと思います。でも彼は講師でもなかったし、先輩すぎてあまりしゃべったことはなかったですね。

研究生は1年間なんですけど、劇団を卒業する間際の飲み会で座長に「ちょっとちょっと」って呼ばれて、六角さんの隣に座らされたんです。なんだろうと思っていたら、座長が「誰か研究生で気になるコはいないの？」って六角さんに聞いたらしく、**そこでわたしの名前が出た**

ので呼んだらしいです（笑）。

六角さんの最初の印象は？

──**最初の印象？……（長考）……覚えてないです（笑）。**カッコいいとも思わなかったし、うーん、やっぱりなにも思わなかったかなぁ……。

当時の彼はまだ売れていたわけではないけど、それでも劇団内ではいろいろと活動をしている人という感じでした。わたしは劇団に入りたかったので、そういう先輩とはなるべく仲良くしておこうとは思っていましたね（笑）。

そんな感じで少し仲良くなって二人で呑みに行ったりし始めてから、すごく面白い人だなぁと思うようになったんです。話をしていて楽しかったし、ロックバーのようなわたしが普段行かないようなところに連れていってくれたのも新鮮でした。たぶん彼の中では下北沢のライブバー「ラ・カーニャ」が一番お洒落《しゃれ》なお店だと思っていたのか、つきあって最初のころは本当によく連れていかれました。

おつきあいのきっかけは？

──二人で呑みに行ってるうちにいつの間にかつきあっていた感じですね。それで、わたしが六角さんの古いマンションの部屋に急に押しかけて一緒に住み始めたんです。

彼は「来てしまったものはしょうがない」みたいなスタンスだったんだけど、一応ご両親にも伝えに行っていたと思います。

では同棲からそのまま結婚という流れで？

──そうですね。結婚は六角さんから切り出したのではなくて、**わたしが「結婚してほしい」って言った覚えがある**んですけど、そんなにはっきり言ってはいないかもしれない……。

婚姻届は、わたしがどうしてもその日に提出しないと嫌だということがあって「これから出す！」って夜中に役所に行ったんです。そしたら証人のところに不備があるので再提出してと言われて、わたしはなぜか絶対にその日に出したかったので、証人の人に戻ってきてもらったりして大変でした。

結婚に対して六角さんは完全に受け身だったんですが、そのときはあまり気にはならなかったですね。本当は結婚式も挙げたかったんだけど、お金がないことはわかっていたので、遠慮してわたしのほうから「式はしなくていいよ」って言いました。でも事務所の人が企画してくれて、ウェディングドレスを着て写真だけは撮ったんです。

朝まで平気で帰ってこないことがなんどもあったのはすごく嫌だった

どうして離婚してしまったのでしょう?

——いまのようにスマホもなくて連絡が取りづらいのに、ギャンブルしたり呑んだりして**朝まで平気で帰ってこないことがなんどもあった**のは、すごく嫌でしたね。

でも決定的なのは、わたしがあるとき夕食にカボチャのクリームシチューを作ったことがあって。彼はクリームシチューが好きじゃないんですが、いくら嫌いとはいえだいぶ年下のわたしがせっかく作ったのだから少しくらいは食べてほしいと思ったのに、「いらない」の一言でまったく手をつけないまま出かけちゃったんですよ。たぶんギャンブルに行ったと思うんですけど。それでわたしも**頭にきて作ったシチューを**

部屋に投げつけたことは、いまでもよく覚えています（笑）。

それと、わたしは彼のご両親にちゃんとご挨拶したかったんですけど、会わせてくれなくて。「なんでなの?」って聞いて喧嘩《けんか》寸前にまでなったこともあります。

最初のときは結納も結婚式もなかったから、結局、一度も会わせてもらえなかったんですよ。わたしの実家にはごはんを食べに来たりしてたから、うちの両親のことは知っているんですけどね。

なぜご両親に会わせてくれなかったのでしょう?

――あのころは六角さんもご両親とあまり仲が良くなかったからだと思います。いまでこそ有名になったからいいですけど、売れていないころは教育熱心だったお母さんから「芝居なんかやってどうするの」とだいぶ嘆かれていたみたいだから。

そうだ、ほかにもいろいろと離婚の理由を思い出してきました。

ぜひお聞かせください。

――六角さんにはギャンブルが原因で大きな借金があったんですが、わたしのおばあちゃんが簡保で積み立ててくれていたお金があったので、「借金返すのに使ってよ」と渡していました。そのころお友達の弁護士のかたに借金返済の相談をしていたんですが、そのかたとの2回目の面談に同席したら、初回のときと借金の額がまったく同じなのでびっくりして。「どういうこと? おばあちゃんのお金貸したのにおかしくない?」と問い詰めたら、「ごめん、全部ギャンブルで使っちゃった……」って言われて。

それ以降、こちらが借金を管理しないとダメだと思って、渋谷の消費者金融ビルのATMにわたしが利息分を返済しに行っていたこともありました。

それはひどい話ですね……

――当時の六角さんは喧嘩してもあまり謝らないし、自分が悪いとも思っていない感じでした。たいていはわたしのほうが悪いことになっていました。

それに「好きだよ」とかを絶対に言わない人なので、わたしも愛されている気がしなくなってしまって。同じころ、友達に紹介された年下の男の子に「好きです」って告白されて、なにも言わない六角さんと比べてしまったり。

離婚したいって告げたのもわたしからなんですが、そしたら六角さんは「やっぱりキミが好きだ」とかなんとかグチグチ言いだしたんです。それまでわたしが「愛情表現が足りないよ」ってさんざん伝えていたのに、いまさらな状況でそんな素振りをしだしたのもなんだか嫌でした。

やっぱりわたしは六角さんのような人が好きなんだなって

それがまたどうして再婚することになったのでしょう?

――扉座には友達もいて、彼女は六角さんとも仲良しだったんです。だから別れたあともなんの連絡も取らないというわけではなくて、彼の出る芝居も観に行ってたし、なんとなく繋《つな》がってはいたんです。

でも何年かたってわたしのあとに結婚した人とうまくいっていないというような話を聞いたので、「なんでそんなことになってるの、大丈夫?」って彼に電話をして相談に乗ったんです。

それがきっかけでまた一緒に呑みに行くようになりました。

そのころわたしは若い男の子とつきあっていて、それはそれで楽しかったんだけど、久しぶりに六角さんと会うようになったときに「あ、やっぱりこの人はいろいろなことを知ってるし、話していてぜんぜん楽しいな」って思ったんですよ。**やっぱりわたしは六角さんのような人が好きなんだなって。**

では大嫌いで別れたというわけでもないのですね。

——そう、離婚したときも大嫌いとか顔を見るのもイヤだとかいう感情ではなかったですね。それが六角さんの人間的な魅力なのかもしれないけど。

わたしは男性と別れちゃうともう友達にも戻らないというタイプだったので、六角さんは珍しい存在かもしれないです。

そういえば再婚のプロポーズは自分からしたって彼は言ってるけど、あまり記憶にないんですよね。でも焼き鳥屋さんで一緒に呑んでいるときに「戻ろうか」ってことは言われたので、それでまたおつきあいして一緒に住むことになったんだけど、**もしかしてその「戻ろうか」がプロポーズだったのかな？（笑）**

最初と二度目の結婚で変わったところはありますか？

——**だいぶ違うと思います。**別に上から目線なわけじゃないですが、六角さんはがんばってくれているように感じますね。以前はわたしに対して気を遣《つか》ってなにかをするということは一切なかったんですが、いまではちゃんと**トイレのスリッパを揃えたり（笑）。**

いまでも家事はなにもしないですが、「たまには外食に連れていかなきゃな」とか言ってくれたりするのも嬉《うれ》しいですね。

ギャンブルで朝帰りというのもしなくなりました。もっとも、いまそんなことをしたら仕事がなくなっちゃいますから。名前が知られるようになったことで、前のように無茶苦茶にお酒を呑むことも少なくなって、ちゃんとした生活を送っています。

でも以前と一番変わったのは、まめに「ありがとう」って言うようになったことかもしれません。もしかすると金銭的な余裕ができたから、その分、人に気を遣えるようになったのかもしれないですね。

六角さんのいいところは?

――俳優としてたくさんの役をもらってくるけれど、それをきちんと自分のものにして演じられているのは凄《すご》いなと思います。お芝居でうまくできなかったことを克服してできるようになったり、歌やギターもちゃんと練習して上達したり。もう還暦になったのにいまでも成長し続けていることに、素直に感心してしまいます。

仕事以外ではいいところがないということでしょうか?

――そんなことありません(笑)。**とにかく話していて面白いんです。**一緒にテレビを観《み》ながらおしゃべりしているときでも、思わず大爆笑しちゃうようなことを言ったりしますし、身近な人のモノマネもよくするけど、それも似ていて面白いんですよ。

「笑っちゃう」という意味でも面白いですけど、仕事として普通にはできないことを体験したりいろいろなところに旅をしたりしているから、話を聞いているだけでも飽きないというのもあります。

あと、かわいらしいです。嬉しいことがあったら素直に感情に出して「やったー！」ってなったりするんですよ。あるとき「今夜はあなたが好きな餃子を作るよ」って言ったらすごく喜んで楽しみにしてたんですけど、直前にマッサージに行ったら揉《も》まれすぎて体調崩してごはんどころじゃなくなっちゃったんです。そのときに「餃子、楽しみだったのにぃ」とふさぎ込んじゃったのが、**小学生みたいに無邪気でかわいいなって（笑）**。

根底には自分勝手があるんです（笑）

六角さんの悪いところは？

——基本的には自分のペースで動きたい人なんだろうけど、悪い言い方をすれば自分勝手だなと思います。いまは周りに気を遣った素振《そぶ》りを見せることもあるけれど、**根底には自分勝手があるんです（笑）**。

他人に対しては「あいつ本当に自分勝手だな」とかすごく言うのだけど、それは自分の思うとおりにいかなかったからそう感じるんじゃないかなって。だって相手を信用して任せるよって人だったら、先方が想定外の振る舞いをしてもそんなにはけなさないと思うんですよね。わたしのことや、共演した俳優さんのことも「自分勝手」って言うことがあるんですよ。

それと、自分が待つのは嫌なのに人を待たせることには無頓着なところも好きじゃないですね。以前、わたしが車を運転して仕事場に向かってるとき渋滞に巻き込まれたことがあって。わたしはすごく焦ったんだけど、六角さんは平然としてるんです。「スタッフさんだって忙しいなか待っててくれてるのに申し訳ないよ」って言ったら「いいんだよ、俺が行かないと始まらないんだから」とかのんきに構えていて。あのときは失礼な人だなと思いました。

でも悪いところはそのくらいですね。ギャンブルはいまでもやっているけど、借金してまでのめり込んでいるわけじゃないですし、お酒もいまはわたしのほうが多く呑むくらいなので(笑)。

喧嘩は頻繁にするのですか?

――以前は**下北沢の路上で大喧嘩になったこともある**し、お店で口論になって周りの人になだめられるなんてこともありましたが、最近はそういうことはまずなくなりましたね。

喧嘩の終わりも、どちらかが折れるとか謝るとかいう具体的な「終了」みたいなものがないまま、どちらかが出かけちゃうとかが多くて、次の日には普段どおりに戻っていますね。

それでも六角さんは、たまに喧嘩をふり返って「あのときキミにはこう言われた」みたいな愚痴を言うときがあるんですが、**たいてい意味を取り違えているか、そんなことは言ってないことのほうが多いです(笑)**。

最近、六角さんに腹を立てたことはありますか?

――少し前に六角さんが競艇で万舟券とったことがあるんですけど、そのとき後輩のYくんに「3万円あげたんだ」って自慢げに言いだしたから、「**なんであたしは一円ももらってないのに後輩にはあげるの?**」って詰め寄ったんです。そしたら「Yに舟券をネット購入してもらうことがあるんだから当たり前だろ」って言ってきたんです。「それならわたしに言わなきゃいいんじゃない?」って返したら、「だって嬉しかったんだもん、へへ」って。しかもお金を渡したのはそれが初めてではなかったようなので、余計に腹が立っちゃいました。

六角さんは仕事とプライベートでの印象は異なりますか？

——そんなに違わないですよ。「呑み鉄」とかバラエティー番組に出ているのを見ても、家にいるときとあまり変わらないと思います。テレビだからってカッコつけることもできない人だし。

そもそも彼の仕事も全部はチェックしきれてないんです。ドラマなんかはあんまり面白くなかったら途中でやめちゃうときもありますし（笑）。

それに出演する番組を全部教えてくれるわけでもないし、本人もいつ放送するのか忘れている番組とかもあるから、いつの間にかテレビに出てたってことも多いですよ。だから、なるべくネットの番組表で「六角精児」でキーワード検索するようにしています（笑）。

最後に、六角さんに一言お願いします。

——「いつもいろいろとがんばってくれてありがとう」

仕事も私生活も、自分なりに考えて努力していると思うので。なにかを望んでも変わらなそうなので、もう望むことはなにもありません（笑）。

Question & Answer

同年代からのQ&A

Q.

六角さんの理想の生き方って、ありますか？

世の中から**「ほんの少しだけ自分が必要とされている」**ような生き方がいいです。

たとえば南の島にある貸し自転車屋の番なんてのは理想かもしれないな。観光客からは必要とされているけど、責任はあまり負わなくていいだろうし。たとえ自転車が戻ってこなくても自分のものじゃないから「戻ってこないなぁ」って思うだけで（笑）。

その生活をするまでに読みたい本をためておいて、番をしているあいだにひたすら読むっていうのは素晴らしいじゃないですか。たまに自転車に油を差したりしながら。

Q.

一人の時間がうまく過ごせません。

一人で楽しめる趣味を見つけるのがいいんじゃないでしょうか。

僕のおすすめは**「散歩」**かな。誰にでも自分の活動範囲っていうのがあるだろうけど、あえてそこからはみ出す散歩をしてみる。たとえば電車通勤の人ならば、いつも向かう方向とは反対方面の駅に歩いてみる。その町のことがわかったら、次はそのまた先の駅まで足を延ばしてみる。それはいつもの日常とは少しだけ違う「非日常」だから面白いんじゃないかな。

それに自分の住んでいる沿線や地域のことを少しずつ知っていくというのも楽しいし、**なによりお金がかからないのもいい。**ぜひ実践してほしいです。

Q.

部屋がぜんぜん片づけられません。どうしましょう？

僕もそうだから、「どうしたらいいですか？」ってこちらが聞きたいくらいです。

僕の場合はなぜ片づけられないかというと、モノを捨てることができないからだと思います。ついつい「せっかく買ったんだから」とか「想い出があるから」なんて考えちゃうし、不必要なモノにも価値を見つけちゃうような人間だから。**名刺ですら捨てることができないから、たまりすぎて結局は誰が誰だかわからなくなってしまう**んですよ。

こうなったら思いきって「今日は捨てる日」ってのを1年に1回イベント的に開催するしかないかもしれない。「毎年4月の第3木曜日に必ずなにかを捨てる」と無理やり決めて実行するのもいい。

Q.

ローンとか借金が多くて、気が重いです。プレッシャーに押しつぶされそう。

そういう状況をつくったのは自分なんだから、**返済の責任は果たさなきゃダメ**ですよ。これは僕のリアルな体験だから言えるけど、借金を乗り越えた先にこそ灯《あか》りが見えるんだから。

そこでズルをして誤魔化《ごまか》したり別の逃げ道をつくってしまったりしたら、ほぼ間違いなくまた同じことを繰り返すだけです。人は自分の周りの経済を誤魔化してしまっては絶対にいけないんですよ。

気が重くなるほどのローンを背負ってしまった自分の愚かさは、身をもって体験しないとわからないと思う。だから**プレッシャーに押しつぶされてからどう立ち上がるかのほうが、実はずっと大事**なんですよ。

Q.

世の中暗くなることが多くて気持ちも沈みがちです。どうすればいいですか？

それが「自分の周りの暗い話」だったら個人の体験だからどうにもできないけど、「世の中のこと」っていうのは要するにテレビや新聞やネットやらのいろいろな情報で知るわけでしょ。だったら、気持ちが落ち込むような記事やニュースなんかの情報をシャットアウトしちゃえばいいんじゃないかな。

たとえばニュース番組でも、時間によっては**「地域のトピック」のようなほっこりした情報**のときもあるでしょう。**そういうときだけ見るようにすればいい**んですよ。

Q.

好きな言葉、ためになる言葉を教えてください。

1年365日分の格言を集めた本を読んでいたら、**「人生は無駄な時間こそが大切だ」**という言葉があって。なるほど、こんなにうなずける格言をいったい誰が言ったんだ？と思ったら、「六角精児」って書いてあった（笑）。いつ発言したのかまるで覚えてないんだけど、松下幸之助や美空ひばりのような偉人たちに交じっていたのが不思議でしたね。でもいい言葉でしょ。

もう一つは見城徹と藤田晋が出した本のタイトル、**「人は自分が期待するほど、自分を見ていてはくれないが、がっかりするほど見ていなくはない」**ですね。これも好きな言葉です。

Q.

六角さんにとって心休まる居場所とは？

お酒はずいぶん長いことつきあっているから、自分にとっての居場所と言えるかもしれない。それとやっぱり音楽でしょうね。バンドは面白いし、移動するときもずっと音楽を聴いているから。そう考えると、**ギャンブルは心休まる止まり木みたいなもの**で、お芝居が仕事ということになるのかな。

バンドは楽しい修業や研修みたいなものだから仕事ではないんですよ。でも鉄道は居場所なのか仕事なのか難しいところかもしれない。

実際に、番組ディレクターが鉄道にあまり詳しくない場合は、カメラの位置や自分の写り込み方なんかを提案してるし、コロナに罹《かか》るってディレクターが来れなかったときに現場を仕切ったこともありますよ（笑）。

Q.

気の合わない人とどうつきあっていけばいい？

つきあう必要はないです（即答）。それが答えなんだけど、でも仕事なんかでどうしてもつきあわなきゃいけない場合は、その人の中にある「自分が好きなところ」をなんとか見つけて、その「好き」を拠《よ》りどころに気持ちを広げていってほしい。嫌いな部分をずっと見ているよりも気づくことが多くなると思う。僕には実際それで仲良くなった友達もいるしね。

だから、もし相手と気が合わなくても、仕事で絡む以上は**自分から心を開かないとダメ。**それに、心を開くことを損だと思わないほうがいいですよ。自分からそういうアプローチを取れるってことは、必ず自身の糧《かて》になるから。

Q.

部下や後輩に毎回おごらなくていい呑《の》み方、教えてください。

先輩だからっておごる必要はないです。それに、ちんけで面白くない先輩に毎回おごられたって楽しくないから。

この質問に限らず、僕が重要だと思うのは「人間性を身につける」ということ。だから、**割り勘でいいから後輩とまっすぐな気持ちで呑んでほしい。**それで「先輩と呑んでいたら楽しいし、なにか得るものがある」と思われればいいんですよ。そんな人がときたまおごれば、さらにポイントも高くなるから、**むしろ普段はおごらないほうがいい**ですよ。

僕なんて、金欠のときにはしょっちゅう後輩におごってもらっていましたよ。

Q.

上司や部下についカッとなってしまいます。どうすればいいでしょう？

どこかで聞いた話ですが、腹が立つことがあってもすぐには言い返さず、**6秒は待ってみる。**そのあいだに落ち着いて状況を判断しつつ、カッとなってしまった自分を冷静にさせる。怒る前に「6秒」をいつも意識したら少しは変わるかもしれないです。それと同じような方法として、「このヤロウ！」と思ったときには、**すかさずフンニャ〜と全身の力を抜いてしまうのもいい。**

僕も還暦を過ぎてからイライラすることが多くなったんですよ。たとえば道端でぶつかってきても謝りもしないやつとか本当に腹立たしい。でもそこで「なんだコノ！」って思わずにフンニャ〜と脱力することで怒りを中和するようにしているのです。このワザを会得したことで**奥さんとの喧嘩《けんか》も減りました。**

Q.

ズバリ、女性にモテるためには？

とにかく大事なのは、**女性の話をちゃんと聞いてあげること**ですよ。次に、相手のフィールドの話題で会話ができること。そのためには本を読んだり見聞を広めたりして、ある程度の教養を身につけておかなきゃならないと思いますね。

あと、最初から気負いすぎて毎週どこかに連れていったり、いつもおごったりはしないこと。**交際の序盤でがんばりすぎると、どんどん要求のハードルが高くなっていく**から注意したほうがいい。そうなったら「前は○○してくれたのに！」とか言われて、嫌われるだけなので。

Q.

失恋したり、大失敗したりした人をどうやってなぐさめますか？

なぐさめません。心が傷ついたときになにが一番大切なのかといえば「我慢」だと思うし、我慢は一人ですることなんですよ。だから相手のことを本当に思っているのならば、励ましもせず、あえて近づかないほうがいい。僕の経験だと誰かになぐさめの言葉をもらっても、その救いはロクなことにならないケースのほうが多かった。たとえば失恋をしたとき横になぐさめてくれる女性がいたとしたら、好きでもないのに気持ちが移ってしまう可能性がある。つらい気持ちをなんとか癒やそうとして手を出したり出されてしまったり。結局それはどちらのためにもならないじゃないですか。

「そばにいてあげない」というのも大事な選択だと思うのですよ。

Q.

どんなときに老けたと感じますか？

いろいろあるけれど一番感じるのは、**お酒をあまり呑《の》めなくなったこと**ですね。むかしは6時間くらい平気でガバガバ呑めていたんだけど、最近は翌日の二日酔いを気にして「ここまででやめておこう」ってセーブしてしまうんですよ。僕にとって老いの尺度はお酒ってことだな。

Q.

貯金がぜんぜんなくて。老後資金をどうしましょう？

貯金がないってことは、いままで将来のことを考えずに生きてきたってことでしょ。そうやって楽観的に過ごしてきたのならば、**この先のことも深く考えないほうがいい**と思いますよ。

その日暮らしとは言わないまでも、今日や明日を楽しく過ごしてほしい。**なんだかんだでどうにかなるから。**

それにいくら金があったって、なにかのはずみですごいインフレが起きてしまう可能性もあるし、そもそもこの先、世界がどうなってしまうかもわからないんだから。

Q.

老害って言われる人になりたくないのですが。どうすればいいでしょうか。

長く生きていると限りたいていの人は老害なんじゃないか……ってのは言いすぎかもしれないけど、**誰もが老害っぽい部分を抱えている**と思いますよ。自分勝手に生きたり、意見を人に押しつけたり、自分がイライラしてることを自覚してなかったりしてね。

「自分は本当にこれで大丈夫なのか」という気持ちは年を取っても持ってなきゃいけないと思うんだけど、それが老害と言われることを防ぐための一つの秘訣かもしれない。要するに、「冷静に自分を見つめる」こと、「いま世間はどんな風潮なのかを多少なりとも認識する」こと。つまり内に向かっても外に向かってもある程度のアンテナを張っておくことが大事だと思います。

Q.

健康に良いこと、なにかやっていますか?

自宅でお米を炊かない。

僕は糖尿病の気《け》があるので、奥さんの協力のもとウチで糖質を摂取する機会をなるべく減らしているんですよ。外ではどうしてもラーメンとか食べてしまうけど、ウチでお米を炊かなければオカズだけになるじゃないですか。もしも夜にお米を食べたくなったとしても、ご飯がないんだから食べようもないし。まぁお酒は呑《の》んでいるけど。

あとは**やっぱり散歩**ですね。糖尿病予防の有酸素運動としては手軽だし、一人でできる趣味としても楽しいしね。

Q.

お酒を呑《の》みながら健康に過ごす秘訣は？

あくまで僕の場合だけど、最近は酒も弱くなってきたので**毎日バカ呑みをしないことを心がけていますね。**いや、ときには羽目を外して深酒するのもいいと思うんですよ。とくに親しい友達と呑んでいたりすると酒が進んでしまうことが多いけれど、そうしたら翌日は2、3杯で切り上げるとか。弱くなったとはいえ酒は好きだからゼロってのは難しいけど、日によって強弱はつけられると思うんですよね。

二日酔いはともかく、慢性的な体調不良にならないためには自分へのそうした気遣いも必要なのじゃないかな。

Q.

あまり深く眠れないのですが、どうすればいいでしょうか？

もしもアナタが時間に余裕がある人ならば、無理して眠らないで**そのまま起きていればいい**んじゃないでしょうか。家族に迷惑がかからない範囲で本読んだりネットやったりして、それで自然と眠くなってきたら寝ればいい。

「夜は寝るもんだ、朝は起きるもんだ」なんていう考え方に縛られる必要はなくて、そこは**自分の生理に任せる**べきじゃないでしょうかね。

だけど、翌日仕事があるのに毎晩よく眠れないで本当に困っているというのであれば、それは僕ではなくてお医者さんに相談してほしいです。

Q.

いいリフレッシュ方法を教えてください。

体内時間を遅くする。

たとえばのんびり過ごせるような田舎に行ってのほほんとすることで、普段よりもゆっくりとした時間を過ごすことができる気がするんですよ。

それと、鉄道から車窓を眺めることも僕にとって最高の気分転換ではありますね。車窓に映るのはビルだったり田園だったり山だったりするわけだけど、つねに変化していくから自分がこの次に見る景色はわからない。そこには視覚的な新鮮さがあるから、ほかのことを考えずに済むんですよ。**自分が「無」になることで、とてもリラックス**できます。

Q.

自宅ではどのようにくつろいでいますか？

仕事が終わって帰ったら、ごはんを食べてお酒を呑《の》んだあとに**ボートレースか自転車レースの結果をずっと見ています**ね。酔っぱらっているからドラマや映画なんかは見ないで、ただひたすらボートや自転車が走っているのを見続けていて、ほとんどバカですよ。

つまり**僕がきちんと生きている時間は夕食の前まで**なのです。だったら毎日酒を呑むことをやめればいいんだけど、奥さんがうまそうに呑んでいるのを見るとついつられてしまって……。でも、晩酌っていうのは奥さんが作った料理を食べながら夫婦であれこれ話せる時間でもあるし、一つの生活の根幹だと思っているから大事なんですよ。

Q.

仕事がうまくいく秘訣って、なんですか？

なるべく全部の仕事をうまくいかせようとしないほうがいい

んですよ。あれもこれもだと中途半端になるし精神的にもプレッシャーがかかって、かえって全部失敗しちゃうんじゃないかなと思う。

自分がどの程度できるやつかってことは自分でわかっているんだから、その尺度に合わせてみる。たとえば三つ仕事があったら一つは必ず成功させる。結果がゼロじゃなければ少しずつでも前には進めるんだから。でも、どうにかゼロにならないように最低限必要な努力はしなくちゃダメだけどね。

歩みは遅いかもしれないけれど、そのほうが経験を多く重ねている分、成功する確率は上がっていくと思いますよ。

Q.

六角さんが仕事で心がけてることを教えてください。

無理はしないけど、あるときは無理する。

前の質問で答えたように、すべてを完璧にこなそうなんて思わないんだけど、「絶対にクリアすべき一つのことに対しては納得するまで取り組む」という意識は強くありますね。それでも、時にはなにもかもがうまくいかないときもあるんだけど、そんな状況になってもへこたれないようにしようとは心がけているかな。

僕ってネガティブなやつだと思われがちだけど、実はそんなことないのよ。物事に対してちゃんと取り組む人間ではあるんだけれど、あまり積極的に取り組んでいないだけで（笑）。**いわば「消極的なポジティブ」を心がけているんですよ。**

Q.

60歳以上って、どんな仕事をすればいいと思いますか？

あと5年、どうしても大金を稼いでいきたいというのならば、あえて苦難に満ちた職場に飛び込んでみるという選択肢もあるけれど、この質問はそういう答えを望んでいない気がする（笑）。

だったら、なるべく**自分が本当にやりたいことのパーセンテージを増やしていけるような仕事**をやるべきだと思います。いくらお金がもらえるからといっても、面倒くさい業務やしがらみは切り捨てていく。そうすると**給料も減るけれど、ストレスも減っていく**わけだから。

還暦過ぎたらある意味でリセットみたいなものだから、自分の考え方を変えていってもいいと思うんですよね。

Q.

スキルがなくて、定年後にできる仕事がなさそうで心配です。

自分にスキルがないといっても、定年になるまで生きてきたんだからそれなりの人間関係は築けてるわけですよね。だったら、スキルや情報を持っている**有能な知り合いに頼ればいい**んじゃないでしょうか。

まずはそういうコネや人づてで、いろいろな職業を探してみるべき。そうすれば、もしかしたら知人が所有している倉庫の番人とか、どこかの駐輪場の管理人とか、特別なスキルが不要でも働ける場所が見つかるかもしれないじゃないですか。ウチの近所の駐輪場で働いているかたもご年配だけど、「いつもテレビで観《み》てますよ！」なんて元気に話しかけてくれて、楽しそうにがんばっていますよ。

スキルがないなんて心配はしなくてもいいんですよ。

Q.

やることは多いのに、やる気スイッチが入るまでにすごく時間がかかります。

その気持ちは非常によくわかります。でも、どうせいつかやらなければならないことだったら、先に面倒なことを片づけてしまったほうが気楽になれるじゃないですか。

僕はだらしのない人間ではあるけど、仕事は遅くないほうだと思う。なぜかといえばあとになって楽をしたいから、**いつも最初にスイッチを無理やり入れてる**んですよ。それを習慣にしていけばサクサクと物事を進められるようになるんじゃないかな。

結局はやらなければいけないんだったら、あとにつらい苦しみを残しておいてもいいことなんて一つもないんだから。

Q.

会議とかプレゼンですごくあがってしまいます。どうすればいいでしょう?

僕だっていまでも舞台に立つときは緊張することがありますよ。そういうときは自分の感情をやり過ごすしかないんだけど、僕の場合はむかし緊張しすぎて相手役の名前を忘れて大失敗したことがあるから、比較対象としてそのときのことを思い出すようにしていますね。

あれ以上の失敗はないだろうし、もうあれだけ恥ずかしい目にあっているんだからここで失敗したって大して変わるもんじゃないよ、と考えると、気持ちが楽になって緊張もほどけてくるんですよ。

だから一度、会議やプレゼンで**これ以上ないような失敗をしてみるといい**んじゃないでしょうか。

Q.

六角さんにとって俳優は天職だと思いますか？

そもそも自分のことを俳優だとは思っていなくて、アルバイトだと思っています。

だって俳優としてお芝居をしているときもあるし、鉄道関係の仕事をしていることもあれば、お酒についてコメントすることもある。どれも方向性は違うんだけど、取り組む熱心さの度合いは一緒なんですよ。以前は自分のことを名乗るときには俳優と言っていたんだけど、最近はそんなことを言う必要もないのかなと感じていますね。

そういう意味で僕が所属している事務所は、お芝居も鉄道もお酒も音楽もすべて同じ扱いで接してくれているからとてもありがたいんですよ。

Q.

役者の極意があれば知りたいです。

役者っていうのはあまり芝居をしないほうがいいと思っています。

歌もそうで、歌わない歌が一番面白い。つまり心の中のなにかがそのまま出たら、それは歌ではない特別ななにかになると思うんですよ。自分の心が歌に乗っているというか。

役者の場合は、本当に心からその役の気持ちに重なることがあったら、それはもう芝居じゃなくなっているし、**そういう芝居のほうが自分では面白かったりする**んですよ。でも逆に、「やりやすい芝居」や「自分に都合のいい芝居」をやっているときはつまらないですね。

Q.

これから親の介護をしなくてはならないので、アドバイスをお願いします。

自分を大切にしながら介護をしてほしい。

介護というのはいくらやっても先が見えないところもあるので、趣味でもなんでも自分がすがれるものが一つでも必要だと考えておいてほしいです。そうしないと、気づいたときにはあと戻りのできない状況になってしまうことだってありえるので。

言い方は良くないかもしれないけれど、お金で解決できるのならばそれが一番だとは思う。むかしは家で介護するのが当たり前だったけれど、いまは専門の施設があってプロのかたがいるので、そうしたところにお任せするほうが間違いないんじゃないかなとも思うんですよ。

Q.

両親とよくぶつかっちゃうんです。うまくつきあう秘訣は？

家族という近しい関係だから、「こうしてほしい」とか「こうなってほしい」とかいう意識がお互いに強く出やすいんですよ。だから、ぶつかるのは当たり前だという前提で何事にも臨んだほうがいいと思います。

それに両親が生きてきた時代の感覚と自分が過ごしてきた時代の感覚は違うわけだから、自分の主張が伝わらないことも、親の意見が理解できないことも当然だと考えておいたほうがいいよね。

そのうえで自分の意見をどこまで押し通すのかを考えることは大切ですよ。こちらが少し譲歩したときに向こうの気持ちが変化することもありえるわけだし。他人だけでなく、**親子にも「折り合い」が必要**なんですよ。

Q.

夫婦円満のコツを教えてください。

気を遣《つか》うことです（即答）。

夫婦っていうのはどちらがいなくなっても困るというのを大前提に考えているので、「前向きな妥協」とでもいうべき気持ちは必要なんですよ。

僕は「夫婦といえども他人なんだからお互い気を遣おうね」という気持ちでいるから、相手が気を遣ってくれることに対して**「ありがとう」って口に出して感謝することは欠かさない**んですよ。奥さんが家事やいろいろなことをやってくれるのは当たり前だと思うのは間違っているからね。

僕も洗濯や掃除やすべてのことをやってもらってるから本当にありがたいと思っています。でも「その代わり僕が生活費は保証しますよ」という考えなんですよ。

Q.

どうも子供が苦手かもしれません。好きになるには？

自分が**子供の目線**に返ってみるのはどうだろうか。**「～でちゅ」とかいう言葉遣い**にして（笑）。でもそんなことしてたら子供を好きになれても自分のことを嫌いになるかもしれないな……。

では、その子供のことを「いい子だな」と思えるまでつきあってみるべきかもしれない。ダメなところもいいところも見抜けるまでしっかりと時間をかけて接してみて、その**「いいところ」を心の中でクローズアップすることで好きになれる**んじゃないかな。それは子供も大人も関係なく、とても大事なことだと思いますよ。

Q.

ひょっとして結婚願望が強いのですか？

そういうわけではなくて、いつも**知らないうちに結婚してた**んですよ。彼女の地元に遊びに行ったら、いつの間にか両親と面会するようにセッティングされてたり。自分で言うのもおかしいけれど、たぶん**「結婚してほしい」と言われやすいキャラ**なんじゃないのかな。もしくは愛情や経済力がどうのではなくて、ただただ「私の気をおさめるためにはコイツと結婚するしかない」という、女性にある種の踏ん切りをつけさせるような存在なのかもしれない（笑）。彼女たちはいつも**「結婚したらあの人は変わる」と思ってくれている**んですよ。でも僕はとくに変わるつもりもないままだったので、「あ、これはダメだ」と思って離婚になっちゃうんだろうなぁ。

Q. 3回経験された離婚は、苦い思い出なのでしょうか？

僕から別れてくれって言ったことはないから、不本意ではあったよ。結婚するときも僕からはなにも言っていないから、要は**ものすごく受け身の男**だってことなんだけど（笑）。

僕の場合は経済的な基盤がないから慰謝料とかいう話にはならなかったけれど、やっぱり精神はヘロヘロになっちゃうのよ。でも非があるのは自分なんだからしょうがないなと思っていたら、しだいに妙な自意識がなくなって、性格的にもどんどんカドがとれて物腰が柔らかくなっていったんですよ。本来は社会生活を送るうえでもっと早く身につけねばならない大事な人間性に気づけたのも離婚のおかげだから、**いい経験だった**のかもしれない。

Q.

着るものに迷ったらつい手がのびる服は？

僕はどんな格好でも生きていけるので、**着るもので迷うことはない**です。それでもしいて言えばパーカはよく着るかなぁ。楽だし、**パーカってちょっとお洒落《しゃれ》な感じがする**でしょ？（笑）誰かに会うときも紳士的だし、稽古をするときもアクティブでいいし。

あ、でもその日が暑いのか寒いのかよくわからないときは、どんな服を着ていこうか迷いますね。そんな日は奥さんに「これで大丈夫かな？」って聞きます。そうすると奥さんが「夜は寒くなるから上着あったほうがいいよ」とかアドバイスしてくれるから、そのとおりにしていきますね。

Q.

服を買うときの優先順位やコーディネートのポイントは？

コーディネートなんてしません。

僕は服をたたまないので、いつも部屋の中に脱いだ服がこんもり積まれているんですよ。その山の中には、いまはシャツが2、3枚、パーカが5枚、カーディガンが1、2枚、あとコートが3枚くらい埋まっているから、毎回そこから適当に引っ張り出して着ていますね。

そもそも僕がコーディネートしなきゃいけない状況なんて仕事で公の場に出るときだけなので、そういうときはさすがにスタイリストさんが全部やってくれます。それ以外のところでは**本当に考えたこともない**ですね。

Q.

よく食べる大好きメニューは?

一番好きなのはスタンドそばで、とくに**かき揚げそば**かな。

それは鉄道旅が好きだから、ホームで立ち食いするのに慣れているというのもあるでしょうね。でも日常的にも、朝の仕事に行く前のスタンドそばは僕にとって欠かせないものになっています。電車の中で「今日はどこの店に行こう。いつものあそこもいいけど、ちょっと時間があるから少し歩いてあのスタンドに行こうかな」って考えるのが楽しいんですよ。

もちろんきちんとしたお蕎麦屋さんで食べると美味《おい》しいとは思うけど、自分ではほとんど行かないですね。高級なものより「手早く出てきてそこそこ美味しい」もののほうがだんぜん好き。単にせっかちなだけかもしれないけれど。

Q.

ストックしている常備食は?

チーズとちくわと魚肉ソーセージ。

我《わ》が家で絶対に欠かさないのは、たいてい朝ごはんの最後の締めに食べますね。チーズはオーソドックスなプロセスチーズとスモークチーズとスライスのとろけるチーズの3種をつねに揃えています。平たいスライスチーズの包装を外して、ネズミのように少しずつ端から食べていくと極上の幸せを味わえるんですよ。ちくわはいまひとつおなかが満たされていないときにそのままかじりつきますね。たまに奥さんが穴の中にチーズを入れてくれるんだけど、それはダブルで美味《おい》しい。

魚肉ソーセージは午後3時ごろおなかが空《す》いたときに食べるから、おやつかもしれないな。

Q.

お好きなご自宅の料理ってありますか？

奥さんの作ってくれる餃子が大好きなんですよ。白菜とニラをたくさん入れてわりと大ぶりなやつ。

それと**焼きそば**。市販の麺に、豚肉と野菜とイカとかタコとかの魚介類を入れてくれる。あ、焼きそばに限らず鉄板料理は多いかもしれない。タコ焼きやもんじゃ焼きもよく作るんだけど、それも奥さんが焼いてくれるんですよね。

あと、鳥つくねも美味《おい》しいな。どうやって作ってるんだかわからないけど、串に刺さっていなくて、大葉とかで巻かれて出てきます。おつまみでは、チーズに海苔を巻いたりハムを巻いたりしたのを楊枝でピョッと差してあるやつも好きだなぁ。

Q.

住む部屋に求める優先順位は？

歌を唄《うた》うことが多いし楽器も弾くから、その練習をしても**あまり周りに迷惑がかからないところ。**いまの家を選んだのは隣の家からも少し離れているし、前が畑だったからなんです。

セリフはそんなに大きな声で練習する必要はないけれど、歌はやっぱり大きな声じゃないとダメなので声を張るしかない。でも僕が大声を出すと近所よりも先にウチの猫が驚いて「ぎゃわーっぎゃわーっ」ってすごく騒ぐんですよ（笑）。

あとは競艇の結果やパチンコ番組を観《み》たいから部屋に**テレビがないと困る**けど、ほかに求めるものはあまりないですね。

Q.

部屋のこだわりってありますか？

こだわりはないけれど、**音楽のある環境は必要。**自室とは別に2畳の部屋があって、そこはCD専門の収納部屋なんですよ。10段くらいの棚が壁に並んでいて、脇には5段くらいの棚もあって。さらにその上にもCDが積み重なっていて、足元にもダダダと積んである。最初は奥さんがあいうえお順に分けてくれていたけれど、取り出しているうちにわけがわからなくなってきて。いまではどこにどんなCDがあるかまったく把握できていません。

僕は本当に部屋を片づけないので、観葉植物とか小間物とかはすべてガラクタになってしまう。飼っていたクワガタも死なせてしまったし。そういう意味では**「散らかしてもいい部屋」が僕のこだわり**かな。

Q.

六角家のルールは?

僕は必ず朝にお風呂入るっていうのはルールかな? あ、それはルーティンか。じゃあルールはないけれど、暗黙の了解事として**「家事は任せた、オレは働いてくる」**というのがありますね。**掃除洗濯炊事、なにひとつやりません。**

あとは、なるべく多く奥さんを外食に連れていってあげるようにはしているのと、家庭の晩酌も欠かさないようにしています。時間が合わないから朝飯を一緒に食べることはないし、夜も定時に帰ることが少ないから、なかなか一緒にごはんを食べられないので。**外食と晩酌のときの会話はすごく大切にしてる**んですよ。

Q.

バンドを始めたのはなぜなのでしょう？

もう25年以上前だけど、演劇鑑賞会のイベントで芝居以外のなにか余興をやりませんかと持ちかけられたんですよ。そこで、学生時代に少しだけバンドをやっていたころの気持ちが燃えカスみたいにくすぶっていたから、エレカシとか歌ってみようかなって気になって。それが六角精児バンドの始まりです。

最初はほとんど遊びだったし、そう長く続けるつもりはなかったんです。でも江上徹ってギタリストを加入させたら、そいつが「今度はいつやるんだ」とか粘っこく聞いてきて（笑）。それで仕方ないなと思って続けているうちにいまに至ったんですよ。だから、楽しく活動できているのはバンドメンバーのおかげで。

自分一人だったらもうやめていたかもしれないですね。

Q.

乗り鉄は何歳まで続けられると思いますか？

鉄道だけでなく旅ということに関しても、この年で終わりにしようっていうのはないと思う。僕は温泉に入ったり名物や地のものを食べたり、普段とは違う景色を見たりすることがとても好きなんですよ。いまでも旅をする仕事は面白いし、地方ロケも楽しい。

ただ若いころのように、最初から最後まで鉄道を乗り継いで旅をするほどタフでなくなってきていることも否定できないですね。いまは目的地が遠い場合は飛行機で付近まで行くこともあるし。それでも**生きている限りなんらかの形で旅はしていたい**な。それは自分にとっては絶対になくしたくない気持ちなんですよ。

Q. 全国の鉄道を制覇しましたか？

ＪＲに関してはもう**ほとんどの路線に乗っています**ね。だから**最近はどこに行ったらいいのかわからない**んですよ。僕は次にどうすればいいんだろう（笑）。

いまはどこかに行きたいという友達がいたら、「僕は行ったことあるけどつきあうよ」って、誰かと一緒に行くことが多くなって、一人旅というものは減ってしまっています。

だけど年を取ったから鉄道旅が億劫《おっくう》になったというわけでもないので、どこかに行きたいという欲求はあるんですよ。でも考えてみればまだ私鉄は乗っていない路線が残っているから、次の休みにちょっと近鉄でも乗りに行ってこようかな。

Q.

ギャンブルにも終活はありますか?

ないです。

ただ、このあいだパチンコを5時間近く打っていたらだいぶ疲れたんですよ。目は使うしイスは痛いし、**ギャンブルのほうが鉄道に乗っているよりも疲れる**んじゃないかな。いまさらだけど、パチンコと鉄道旅ってまったく逆の趣味だなぁ。同じなのは座っていることだけじゃないか。だからパチンコで負けて「きぃーっ」となってから旅に出るのが一番いいのかもしれない(笑)。

それより、僕がやりたくてもパチンコ屋のほうがなくなってしまう可能性がある。最近はコロナの影響なのかパチンコ屋がどんどん減っていってるから。いまそんなに行っていないのは、近所にパチンコ屋がないことも大きいですね。

Q.

コンビニやドラッグストアって行くんですか？お気に入りは？

セブン-イレブンが好きです。僕がいつも枕元に置いているのは100円で買えるセブンのジャスミン茶だし。

もともとあそこの肉まんが好きだったんですよ、中村屋が製造しているやつ。それまで具に椎茸《しいたけ》が入っている肉まんなんて食べたことがなかったからビックリして。そこからほかの惣菜にも手を出すようになったんですよ。最近だとマカロニとベーコンがカップに入ってるやつとか、キクラゲと卵の惣菜とか好きだな。あとは冷凍食品もよく買うんだけど、**とくに「すみれチャーハン」なんて、あんなに美味《おい》しいものはそうそうない**ですよ。

だから、コンビニが選択できる場合は必ずセブンに行きますね。

Q.

最近気づいた真実、みたいなことがあったら教えてください。

自分が発言したニュアンスが実は相手には「ほどよく伝わってない」ことに、いまさらながら気づいたんですよ。どうしたって受け取る側も都合よく解釈するもんだし。だったら、あまり相手をあてにしないほうが精神的負担が少なくて済むんじゃないかなと。言葉はあやふやなものだから、自分の思うとおりにいかなくてもそれはそれで仕方ないと思えるようになりました。

それは奥さんに対しても同じですね。向こうが言っていることが違うと思っても、むかしだったら「なんでだよ」って反論していたけど、いまは「しょうがないな」って軽く流せるようになってきたんですよ。

Q.

占いとか、神様とか、運とか、信じますか?

占いは信じないけれど、**運というのはある**かもなと思う。ギャンブルをやっていても**当たりを引く日とまったく引かない日は必ずある**から。

でも運気ってのはひょっとするともっと長い、10年とか20年とかいうスパンで変化しているんじゃないだろうか。それどころか、「もしかしたら生まれる前から運の大きな波はあるのかも」とも思うんですよ。だから、生きている間ずっと調子のいい人もいれば、一つも浮かび上がれないままの人生を送ってしまう人もいるのかもしれない。運というのはまずそういう大きな波のうねりがあって、その中に日々の小さな波があるような気がするな。

Q.

六角さんの思うヒーローとは？

漫画「あしたのジョー」の矢吹丈ですね。

なにもかもがうまくいくような人じゃなくて、打たれて打たれてそれでも立ち上がっていくような根性の持ち主に惹《ひ》かれます。

そして、そんな男を応援する長屋に暮らしているような人々。要は、あまり陽の当たらないようなところでがんばっている人たちが好きなんですよ。哀愁が立派なエネルギーになっているし、うまくいかないことから立ち上がる強さもいい。

僕は1回、2回ダメになったらすぐ諦めるんだけど、わりとそこからの**粘りも復活も早い**んですよ。それは「あしたのジョー」が好きだからに違いないと思っています。

アナタがこれから見つけるゆるい未来――おわりに にかえて――

先日、僕がパーソナリティーを務めているラジオ番組で、母校である厚木高校の応援歌を唄《うた》う機会があったんですよ。学生のころは恥ずかしいし練習はつらいしで大嫌いな歌だったんだけど、四十数年ぶりに唄ったらこれがすごく気持ちよかった。いろいろな経験を積んで、ようやく過去を楽しく振り返れる年齢になったのかなと。この本の中でも触れた、

「人生は無駄な時間こそが大切なんだ」

という自分の言葉をつくづく噛みしめましたね。

年を取ってから昔のことを思い返してみるのは、ぜんぜん悪いことじゃないんですよ。還暦を過ぎた僕は、むしろある程度の振り返りと検証はやっていくべきだなと思っています。

過去を振り返ったとき、「あのころに比べていまのオレは一体どうしてしまったんだ……」と後悔する人もいるかもしれない。でもそれはそういう人生なんですよ。アナタが送った人生の責任はアナタにあるから、それは誰かのせいではない。

だけど、50歳を超えて人生に後悔したところでなにかが変わるわけでもないから、

現在の自分をまずは受け入れましょうよ。

「こんなはずじゃない」って

腐っているよりも、ずっと気が楽になると思うのです。

そうすれば少しずつモノの見方も変わってくるし、生き方も変わってくるんじゃないかと。

たとえいまやりたいことがなくても、これから散歩をするとか本を読むとか楽器を始めるとかマンホールの蓋の模様を探すとか、ちょっとした自分の楽しみを見つけるだけで

俄然面白くなってきますよ。

世の中をはかる共通の尺度なんてないんだから、周りからどう思われているかなんてあまり気にする必要はありません。要は自分の行為に自分が納得すればいいんだから。

気持ちが楽になる生き方、あまり無理をしない生き方っていうのは、アナタがこれから見つけるゆるい未来なんです。大丈夫、中高年になったって自分をメンテナンスする機会はじゅうぶんありますから。そのときに僕のささやかなつぶやきのようなこの本が、

少しでもアナタの心のパーツになってくれればいいんじゃないかなと思っています。

でもね、

本当は手に取って

読んでくれただけで嬉《うれ》しいんです。

ありがとう。

六角精児

ウッ
ウ〜〜

六角精児（ろっかく せいじ）
1962年6月24日、兵庫県生まれ。学習院大学中退。1982年に劇団「善人会議」（現・扉座）の旗揚げに参加。主な劇団公演に出演し、その後ドラマや映画などでも活躍。2009年「相棒シリーズ　鑑識・米沢守の事件簿」で映画初主演。大劇場から小劇場まで幅広くこなす役者ながら、鉄道好きでも知られ、「六角精児の呑み鉄本線・日本旅」（NHK-BS）などの番組にも出演している。また、ミュージシャンとしても「六角精児バンド」で２枚のCDをリリース。2022年には初のソロアルバム「人は人を救えない」を発売した。現在、NHKラジオ第１の生放送番組「ふんわり」木曜日のパーソナリティーを担当。

装丁・本文デザイン／佐藤 学（Stellablue）
イラスト／島本 慶（Skip）
構成／北爪啓之
協力／ MY Promotion
編集担当／一久保法士（主婦の友社）

六角精児《ろっかくせいじ》の無理《むり》しない生《い》き方《かた》

2023年６月30日　第１刷発行
2023年９月10日　第２刷発行

著　者／六角精児《ろっかくせいじ》
発行者／平野健一
発行所／株式会社主婦の友社
〒141-0021　東京都品川区上大崎3-1-1 目黒セントラルスクエア
電話　03-5280-7537（内容・不良品等のお問い合わせ）
049-259-1236（販売）
印刷所／大日本印刷株式会社

ISBN978-4-07-454630-5